LES
GRANDS AGRICULTEURS
MODERNES

OLIVIER DE SERRES — DUHAMEL-DUMONCEAU
PARMENTIER — MATTIEU DE DOMBASLE

PAR

Mme LA Csse DROHOJOWSKA

(NÉE SYMON DE LATREICHE)

TOURS

ED MAME ET FILS

ÉDITEURS

LES
GRANDS AGRICULTEURS MODERNES

1re SÉRIE PETIT IN-8°

Parmentier.

LES
GRANDS AGRICULTEURS

MODERNES

OLIVIER DE SERRES — DUHAMEL DU MONCEAU

PARMENTIER — MATTHIEU DE DOMBASLE

PAR

Mme LA C^{esse} DROHOJOWSKA

(NÉE SYMON DE LATREICHE)

TOURS

MAISON ALFRED MAME ET FILS

INTRODUCTION

L'agriculture, qui, sans contredit, est le plus ancien, le plus utile, le plus noble des arts, devrait être aussi la plus sûre, la plus indépendante et la plus fructueuse des industries.

Il n'en est malheureusement point ainsi, du moins en France, où la désertion des campagnes prend chaque jour des proportions plus inquiétantes.

On doit reconnaître néanmoins qu'à aucune époque de notre histoire les encouragements n'ont manqué à l'agriculture. Les grands propriétaires, les savants les plus autorisés, les différents gouvernements ont uni et combiné leurs efforts pour augmenter la production du sol et mettre en honneur la vie rurale.

Nous ne ferons pas ici l'historique de ces efforts; les vies que nous allons raconter parleront plus éloquemment que de simples appréciations.

Nous dirons seulement qu'en dépit de l'éloignement que, dans les diverses classes de la société, on montre de nos jours pour la vie et les occupations champêtres, les progrès de l'agriculture, très remarquables en France, surtout depuis 1848, ont suivi ceux de la science agricole elle-même. Tout progrès dans ces sciences a eu, en effet et par contre-coup, son retentissement dans la pratique. D'immenses territoires, restés jusque-là incultes, ont pu être rendus productifs par des défrichements, des irrigations, des drainages, par l'emploi d'engrais nouveaux et d'instruments aratoires perfectionnés.

Des assolements plus rationnels ont été expérimentés, puis définitivement admis dans la pratique ; on a propagé des cultures nouvelles, telles que celle du sorgho ; on a donné plus d'extension à d'anciennes cultures presque tombées, telles que celles du colza et de la garance, en même temps que l'industrie, en se développant, donnait des débouchés aux produits.

Les machines ont pu remédier à l'insuffisance de la main-d'œuvre ; et toute exploitation un peu considérable est aujourd'hui munie non seulement de charrues perfectionnées, mais de batteuses mécaniques, de faucheuses, de moissonneuses ; des machines, mues soit par la vapeur, soit par des chevaux, permettent d'exécuter rapidement toutes les opérations si longues de l'ensemencement, du coupage des racines et de la paille pour la nourriture des animaux, du vannage des grains, etc.

Mais, dans des questions comme celles qui nous occupent, c'est à la statistique surtout qu'il faut demander des témoignages irrécusables.

Or il a été publié en 1875 deux tableaux statistiques, dont les renseignements font connaître les progrès de l'agriculture en France depuis 1815. Le premier de ces tableaux indique le nombre d'hectares ensemencés en céréales et en pommes de terre durant cette période, et le nombre d'hectolitres récoltés par hectare ; le second donne le rendement comparatif du froment, du seigle et des pommes de terre aux mêmes époques.

Nous extrayons de ce document un état comparatif des années 1820, 1835, 1845, 1855, 1869 et 1874.

ANNÉES	NOMBRE D'HECTARES ENSEMENCÉS		PRODUIT TOTAL EN HECTOLITRES	
	Céréales.	Pommes de terre.	Céréales.	Pommes de terre.
1820	13,857,563	537,764	158,181,972	40,670,685
1835	14,888,385	803,854	204,165,194	71,982,811
1845	15,558,069	1,013,651	218,136,174	77,924,788
1855	15,405,683	985,085	227,529,706	94,813,860
1869	15,815,552	1,241,304	264,624,929	121,048,436
1874	15,854,849	1,409,262	289,764,524	152,859,765

Rendement moyen par hectare.

ANNÉES	FROMENT	SEIGLE	POMMES DE TERRE
1820	9 hect. 47	6 hect. 42	70 hect. 88
1835	13 — 48	12 — 50	89 — 55
1845	12 — 53	10 — 68	70 — 87
1855	11 — 36	10 — 08	96 — 25
1869	15 — 34	13 — 33	99 — 93
1874	19 — 36	15 — 16	108 — 46

Il résulte de ce tableau que le rendement du froment et du seigle a plus que doublé de 1820 à 1874 ; celui de la pomme de terre ne s'est pas accru dans la même proportion, mais, en revanche, la récolte totale de ce tubercule a presque quadruplé.

Pendant cette période de plus d'un demi-siècle,

les quantités de froment consommées ont dépassé, à quatorze reprises seulement, les quantités récoltées : en 1820, 1822, 1827, 1830, 1831, 1839, 1846, 1853, 1855, 1861, 1866, 1867, 1871, 1873. — Toutes les autres années ont été marquées par un excédent de la récolte sur la consommation. Cet excédent a atteint en 1874 son chiffre maximum, soit 38,256,225 hectolitres. — Voici le tableau comparatif de la consommation et du prix du froment pendant les mêmes années que ci-dessus.

ANNÉES	CONSOMMATION TOTALE	PRIX DE L'HECTOLITRE
1820	53,941,409 hect.	19 fr. 15 c.
1835	62,220,730 —	15 . 25
1845	70,599,115 —	19 75
1855	82,400,699 —	29 32
1869	96,941,961 —	20 33
1874	94,873,931 —	25 11

LES
GRANDS AGRICULTEURS MODERNES

———▸—✶—◂———

OLIVIER DE SERRES
(1539-1619)

I

« Au xvi° siècle, dit Matthieu de Dombasle, les gentilshommes habitaient presque tous leurs terres ; un grand
nombre d'entre eux s'occupaient à les faire valoir, et
l'agriculture française était parvenue par leurs soins à un
degré de perfection qui la plaçait vraisemblablement alors
au niveau de la situation de cet art chez les nations voisines.

« Bien qu'on écrivît peu sur ces matières, nous possé-
dons un tableau fort curieux de la culture à cette époque ;
c'est l'ouvrage dans lequel Olivier de Serres a si bien décrit
les pratiques agricoles de son temps.

« C'est en 1600 que le seigneur de Pradel, âgé de près
de soixante ans, fit paraître le *Théâtre d'agriculture et
Mesnage des champs*. Cet ouvrage n'est pas seulement,
encore aujourd'hui, un des meilleurs traités d'économie
rurale qui aient été faits ; mais il est remarquable comme
tableau de la vie et des occupations des gentilshommes de
ce temps. On y voit que la pratique de l'agriculture, déjà
portée à un assez haut degré de perfection, n'était pas
séparée, dans l'esprit des propriétaires qui s'y adon-
naient, de la connaissance de tous les détails de la vie
rurale... Tous les sujets qu'il aborde sont traités non

seulement avec une grande supériorité, mais avec le sentiment intime de l'amour de la vie des champs, amour partagé par un grand nombre des contemporains de l'auteur[1]. »

Certains détails du *Ménage des champs* ont pu vieillir; certains conseils, certaines idées même n'ont plus leur raison d'être, détruits et parfois contredits qu'ils sont par les progrès des sciences et la transformation, à plusieurs égards, des mœurs publiques. Toutefois l'ensemble n'en continue pas moins à présenter le code le plus complet, et, nous ne craignons pas d'ajouter, le plus parfait qui ait jamais été offert au propriétaire désireux de remplir les devoirs qu'impose ce titre et de tirer le meilleur parti possible de ses terres.

On se plaint de ne point connaître le détail de la vie du seigneur de Pradel; selon nous, ces regrets ne sont pas fondés : aucun des hommes célèbres dont les faits et gestes ont été soigneusement conservés ne peut revendiquer une biographie aussi exacte, aussi complète, un portrait aussi ressemblant que la biographie et le portrait qu'Olivier de Serres a, sans s'en douter, tracés lui-même pour la postérité.

C'est lui, en effet, qui vit, qui pense, qui agit sous ce titre de *Père de famille* qu'il a donné au type immortel du *bon ménager*, sorti de sa plume. Faire connaître ce que, selon lui, doit être ce bon ménager, c'est donc, en quelque sorte, retracer le cours journalier de ses occupations; c'est mettre en action les principes qui ont réglé toute sa vie; c'est, si l'on peut ainsi parler, ressusciter son âme et en mettre à découvert toutes les précieuses qualités.

Le cadre de cet ouvrage ne nous permet pas de reproduire les deux gros in-4° du *Théâtre d'agriculture;* nous nous bornerons à en extraire les principaux conseils généraux, c'est-à-dire cette partie morale et pratique qui ne vieillit pas et dans laquelle se trouve ce qu'il nous importe surtout d'apprécier en Olivier de Serres : le caractère du vrai et sage chef de famille, sa sollicitude pour le bien moral et matériel de ceux qui l'entourent, sa pru-

---

[1] Matthieu de Dombasle, *Théâtre d'agriculture,* Introduction.

dence dans la formation de cet entourage, son respect
pour la dignité et l'honneur du foyer domestique, afin,
ainsi qu'il le dit lui-même,. « que le père et la mère de
famille non seulement ayant entretenu leur maison dans
l'état où ils l'ont reçue de leurs ancêtres, mais l'ayant
augmentée en revenus, bien qu'ils en aient tiré le moyen
de satisfaire à toute dépense honnête, pour eux, leurs
enfants et leurs amis, et avec telles commodités ayant passé
doucement et commodément cette vie, laissent à leurs
enfants, *bien instruits et morigénés*, leur terre en bon
état avec l'exemple de leur bonne vie. Les *bons ménagers*
parviendront à cette dernière richesse, qui est à priser
par-dessus toutes les autres, par la bénédiction de Dieu, et
touchant les choses fécondes, — le labourage et l'épargne,
— par la connaissance du terroir, qui est le fondement de
l'agriculture. »

II

Né à Villeneuve de Berg (Ardèche) en 1539, Olivier
de Serres, ainsi que nous le disions tout à l'heure, faisait
valoir lui-même sa terre patrimoniale de Pradel. « Mon
inclination et l'état de mes affaires, raconte-t-il à ce
sujet, m'ont retenu aux champs, dans ma maison, et fait
passer une bonne partie de mes meilleurs ans pendant les
guerres civiles de ce royaume, en cultivant ma terre avec
mes serviteurs, comme les événements l'ont pu permettre ;
en quoi Dieu m'a tellement béni et si providentiellement
conservé pendant de telles calamités, que ma maison a
été plutôt logis de paix que de guerre.

« ... A quoi eussé-je pu mieux employer mon esprit
pendant ce malheureux temps qu'à rechercher ce qui est
de mon humeur?... J'ai donc cherché et trouvé un singulier contentement dans la lecture des livres d'agriculture,
à laquelle j'ai ajouté de surcroît le jugement de ma propre
expérience... Ayant donc souvent et soigneusement lu
livres d'agriculture, tant anciens que modernes, et par
moi-même observé différentes choses qui ne l'avaient pas
été, que je sache, il m'a semblé qu'il était de mon devoir
de les communiquer au public, afin de contribuer, dans

la mesure de mon savoir, à la nourriture des hommes ;
c'est ce qui m'a fait écrire. Je ne conteste pas que mes
amis ne m'y aient pas excité contre ma volonté ; mais je
dis que gaiement j'ai tâché de représenter cette belle
science du mieux que j'ai pu en y employant tout mon
loisir, sans rien oublier de ce que j'ai estimé pouvoir
servir au lecteur.

« Mon intention est de montrer brièvement et claire-
ment tout ce qu'on doit connaître et faire pour bien cultiver
la terre et vivre commodément avec sa famille, selon la
nature des lieux que l'on habite ; non cependant que
je veuille rassembler tout ce que l'on pourrait dire sur
ce sujet, mais seulement disposer dans les divers lieux [1]
de ce théâtre les *Mémoires du ménage* que j'ai connus
jusqu'ici être propres aux usages de chacun.

« Il importe d'abord de se bien pénétrer de cette vérité
que l'art joint à la diligence tire des entrailles de la terre,
comme d'un trésor infini et inépuisable, toutes sortes de
richesses, et que quiconque la cultive soigneusement est
assuré de trouver enfin une digne récompense du temps
et des soins qu'il y aura employés.

« Je ne veux pas dire cependant qu'il n'y ait pas différence d'une terre à une autre ; ce serait avoir perdu le
sens commun que d'égaler tous les terroirs en bonté et
fertilité. J'entends seulement que l'expérience n'a pas
sans raison fait adopter ce proverbe : *Un pays vaut
l'autre* [2].

« La montagne, où il y a des arbres et des herbages
dont on retire plusieurs commodités, qui servent à différents usages de grand profit, ne cède pas en revenus à la
vallée et à la plaine, qui ne rapportent le blé qu'avec
beaucoup de dépense et de travail. On voit assez cela dans
notre Languedoc sans en chercher les preuves ailleurs :
les plus grandes et les plus riches maisons ne sont-elles
pas sur les montagnes du Vivarais et du Gévaudan ?

« Mon but est donc de persuader au bon père de famille
de se plaire dans sa terre, et, en se contentant de lui

---

[1] Titre donné aux divisions du *Théâtre d'agriculture*.
[2] Nous ne croyons pas superflu de rappeler ici un autre adage
non moins vrai et plus expressif : ***Tant vaut l'homme, tant vaut
la terre.***

demander ce qu'elle peut produire, de ne rien négliger
pour la rendre avec le temps aussi fructueuse et aussi
commode que possible. A quoi d'ailleurs lui servirait-il
de se montrer mécontent du lieu où il doit passer sa vie ?
Peut-il convertir les montagnes en plaines et les plaines
en montagnes ? Qu'il accepte donc ce qu'il ne peut changer,
et qu'il s'applique à l'étude de la belle science qui lui per-
mettra de tirer bon parti de ce qu'il possède... Science
plus utile que difficile, pourvu qu'elle soit entendue par
ses principes, appliquée avec raisonnement, conduite par
expérience et pratiquée avec diligence.

« Le *mesnager* doit donc savoir ce qu'il y a à faire, entendre l'ordre et la coutume des lieux où il vit, et mettre
la main à la besogne dans la saison bonne et avantageuse
de chaque labeur champêtre. Les trois mots que nous avons
employés tout à l'heure résument ces trois conditions de
prospérité : *Science, expérience, diligence.*

« Beaucoup trop de gens se moquent des livres d'agriculture et renvoient aux paysans, qu'ils disent être les
seuls juges compétents en cette matière, comme étant
fondée sur l'expérience, seule et sûre règle de la culture
des champs.

« J'avoue que de discourir du ménage champêtre d'après
les livres seulement, sans se préoccuper de l'usage particulier des lieux, ce serait bâtir en l'air, et j'entends assez
qu'on apprenne des bons et experts laboureurs le moyen
de bien cultiver la terre ; mais ceux qui m'envoient à
eux seuls ne m'avoueront-ils pas que parmi les plus
expérimentés il y a différents jugements ?... Auquel
s'arrêter si on ne recourt à des raisonnements, à des
règles qui permettent de mettre d'accord ces expériences
multiples ?

« — Mais à quoi sert, dira-t-on, de recourir aux livres
pour leur demander ce que l'on peut trouver chez soi,
dans son propre bon sens ou chez son métayer, à qui la
pratique l'a enseigné ? »

« On pourrait faire ce même raisonnement à l'égard de
toutes les sciences appelées libérales, puisque le principe et
la source de toutes ces sciences est dans l'âme de l'homme,
qui ne peut apprendre dans les livres des philosophes que
ce qu'il sait depuis qu'il est en état de voir et de comparer,

mais par une sorte de science confuse qui a besoin d'être éclairée et développée. Les livres de physique font connaître les causes et les effets de la nature ; la morale donne le moyen de bien et heureusement vivre ; l'économie enseigne la manière de bien diriger sa famille ; la politique, l'art de bien conduire un État.

« L'homme apporte en naissant les principes nécessaires au développement de ces sciences ; mais toutefois qui oserait contester que ces belles choses ne soient mieux cultivées par la culture des doctes écrits que par les seuls discours de gens n'ayant pour guide que leurs propres lumières ?

« L'*art* est un recueil de l'expérience, et l'*expérience* est le jugement et l'usage de la raison. Les écrits des savants servent à ce que ce qui est infini et incertain par la recherche de différents jugements, soit fini et certain par les règles de l'art, lesquelles sont façonnées par la longue observation et l'expérience des choses nécessaires à cette vie. Plus nous prisons les arts, plus doit nous paraître recommandable celui qui est le plus nécessaire au genre humain, puisque sans lui l'homme ne pourrait vivre. Et combien sa démonstration doit-elle être claire et certaine, puisque c'est avec le livre même de la nature qu'il nous parle, et par des effets si manifestes, que la raison s'y fait voir à l'œil et toucher à la main !

« Il est donc incontestable que la science de l'agriculture est comme l'âme de l'expérience. Elle ne peut être oisive parce qu'elle est vraiment reconnue science. A quoi servirait, en effet, de lire et d'écrire des livres d'agriculture, si on ne mettait en pratique ce qui y est contenu ?

« La science ici, sans pratique, ne servirait à rien, et la pratique ne peut être productive sans science ; comme la pratique est le but de toute louable entreprise, de même la science est la base de toute véritable pratique, la règle et le compas du *bien-faire*. A cette union de la science et de l'expérience je donne pour compagne la diligence, afin que notre *mesnager* ne s'imagine pas devenir riche par les discours et remplir son nid en gardant les bras croisés, car ce n'est pas en perspective qu'il nous faut du blé, mais dans nos greniers.

« *Nul bien ne s'obtient sans peine.* C'est une vérité de tous les temps, acceptée par Columelle et vérifiée par les effets, que pour faire une bonne maison il faut joindre ensemble *le savoir, le pouvoir, le vouloir.*

« Dans cette union consiste la pratique agricole, telle que nous l'entendons et que nous la recommandons. Les

Olivier de Serres.

fruits de cette belle science se répartissent entre tous les habitants d'un pays ; aussi est-ce au développement et aux produits de l'agriculture que visent avant tout les peuples et les gouvernements.

« Pourquoi, en effet, s'adonne-t-on avec tant d'ardeur aux armes, aux lettres, aux finances, à l'industrie, au commerce, si ce n'est pour avoir de l'argent, et avec cet argent, après s'en être entretenu, acheter des terres ?

« Et ces terres, à quelle fin les désire-t-on, si ce n'est pour en recueillir les fruits ? Or comment obtenir ces fruits dans une proportion suffisamment rémunératrice, si ce n'est par la culture ?

« Ainsi il appert que quelque chemin qu'on tienne en ce monde, on arrive finalement et nécessairement à l'agriculture, comme étant la plus commune occupation de l'homme, la plus sainte, la plus naturelle, la plus indispensable, la seule commandée de la bouche de Dieu à nos premiers pères.

« Ce n'est donc pas seulement les habitants de la campagne que la science agricole doit intéresser; ceux des villes doivent s'en préoccuper aussi, comme pouvant dans l'avenir avoir à en appliquer ou à en recommander les principes.

« Combien, en effet, parmi ceux qui aujourd'hui se trouvent reculés du ménage des champs, se promettent, après avoir donné trêve à leurs fatigues, d'aller finir leur vie dans la douce solitude de la campagne!... D'ailleurs comment se pourrait-il faire que ce qui touche de si près à la satisfaction journalière de tous les besoins réels de la vie, n'excitât pas tout au moins la curiosité générale et n'inspirât pas, même à ceux qui ne peuvent espérer d'expérimenter jamais la pratique du ménage des champs, le désir d'en connaître les détails ?

« L'utilité de notre *Théâtre d'agriculture* ainsi établie, il nous reste à en dessiner le plan général.

« *Dans le premier lieu* [1], je veux instruire notre père de famille à bien connaître le terroir qu'il veut cultiver, à se bien loger et à bien conduire sa famille, but de tout le travail de l'homme en ce monde.

« *Au second lieu*, puisque le pain est le principal aliment de l'homme, je lui montrerai le moyen de bien cultiver sa terre pour avoir toutes sortes de blés propres à cet usage, et je lui indiquerai aussi la culture des légumes utiles dans un ménage champêtre.

---

[1] Olivier de Serres, ainsi que nous l'avons déjà fait observer, remplace le mot *livre* par le mot *lieu*, dont le sens propre nous semble ici admirablement appliqué : chaque division du *Théâtre d'agriculture* amène, en effet, le lecteur comme sur un nouveau champ d'action, *en un lieu* où l'on voit se mouvoir les acteurs très vivants, bien qu'inconnus et innomés, d'une grande et prospère **exploitation rurale.**

« *Au troisième lieu*, vu que l'homme ne vit pas seulement de *manger*, mais qu'il faut aussi boire pour vivre, et que le vin est le plus commun et le plus salutaire breuvage, je lui enseignerai la façon de bien planter et cultiver la vigne pour avoir du vin, le faire, le garder, et tirer des raisins d'autres commodités; aussi le moyen d'avoir d'autres boissons pour les habitants des pays où ne croît pas la vigne.

« *Au quatrième lieu*, le bétail donnant un très grand profit au ménage, non seulement pour la nourriture, le vêtement et le service, mais encore comme revenu en argent, je lui donnerai l'ordre de ses prés et pâtis afin d'y entretenir force bétail, et je lui montrerai la manière d'élever et de conduire toutes sortes de bêtes à quatre pieds avec un profit avantageux.

« *Au cinquième lieu*, pour fournir au ménage le moyen de varier sa nourriture et de tirer parti d'une foule de menues denrées, qui sans cela n'auraient pas d'emploi, je lui accommoderai le poulailler, le colombier, la garenne, le parc, l'étang, le rucher, et, pour lui mieux encore faire éprouver la libéralité de la nature, je le vêtirai et je le meublerai pompeusement en lui donnant le moyen d'avoir en abondance de la soie, dont il tirera aussi beaucoup d'argent pour l'éducation et la nourriture des vers qui la produisent toute filée.

« *Au sixième lieu*, pour lui procurer d'honnêtes et utiles plaisirs, je lui dresserai des jardins, dont il tirera, comme d'une source vive, des herbes, des fleurs, des fruits, et des simples ou herbes médicinales. Ensuite je lui édifierai un verger, je planterai et enterai ses arbres pour les rendre capables de porter en abondance de bons et précieux fruits. Il y aura aussi des lieux destinés au safran, au lin, au chanvre, et à d'autres matières propres au ménage, aux habits et aux meubles.

« *Au septième lieu*, attendu que l'eau et le bois sont indispensables, j'en traiterai soigneusement afin que notre père de famille entende d'une manière complète tout ce qui lui est nécessaire pour vivre commodément, lui et sa famille.

« *Au huitième lieu* enfin, je montrerai l'usage des aliments, afin que le père et la mère de famille puissent honorablement et avantageusement se servir des biens qu'ils ont chez eux.

« J'instruirai le *mesnager* à tenir sa maison fournie de toutes choses nécessaires, tant pour l'alimentation ordinaire que pour les provisions qui servent pendant l'année. Je lui enseignerai la vraie façon des conserves, à confire toutes sortes de fruits, de raisins, de fleurs, d'herbes, d'écorces, au liquide et au sec, au sucre, au miel, au moût, au vin cuit, au sel, au vinaigre. Je donnerai aussi quelques moyens pour se pourvoir dans un ménage de luminaire, meubles, habits, afin que rien ne manque à la famille. Je lui ferai faire des distillations et autres préparations, et lui indiquerai des remèdes bien éprouvés pour se secourir lui et les siens en cas de maladie ou d'accident, ce qui est aux champs infiniment précieux, en attendant les plus amples secours d'un médecin ; et, comme il faut que le *mesnager* ait soin de ses bêtes, après avoir parlé de remèdes pour les personnes, je traiterai de ceux pour les animaux. Je dirai pareillement quelque chose de la chasse et des autres exercices du gentilhomme, afin que notre vertueux père de famille se récrée honnêtement, en faisant ses affaires, ce qui lui servira aussi à la conservation de la santé.

« Tel est, en un mot, ce que j'ai eu dessein de traiter dans ce *Théâtre d'agriculture et Ménage des champs...* Le jugement en sert aux doctes ménagers, le profit à tous ceux qui désirent vivre honnêtement des fruits de leur terre, et l'honneur entier à Dieu, que j'invoque en commençant, à meilleur titre que Varro ses dieux rustiques et contrefaits. »

III

« Avant toutes choses, notre père de famille sera attentif à se rendre digne de sa charge, afin que, sachant bien commander ceux qu'il a sous lui, il en puisse tirer l'obéissance, laquelle est l'abrégé du ménage. Il tâchera, pour y parvenir, de changer ou du moins d'adoucir l'humeur qu'il pourrait avoir contraire à un si louable exercice.

« Il lui sera d'un grand secours d'être bien marié et accompagné d'une épouse vertueuse et sage, pour faire leurs affaires communes dans une amitié parfaite et une bonne intelligence.

« Et s'il en a reçu une de Dieu semblable à celle que Salomon a décrite, il pourra se dire heureux et se vanter d'avoir rencontré un trésor, la femme étant un des ressorts les plus importants du ménage, dont la conduite est préférable à toute autre science de la culture des champs; car l'homme se morfondra enfin à la faire cultiver avec tout l'art et toute la diligence possibles, si les fruits qui en proviennent, étant serrés dans les greniers, ne sont gouvernés par la femme avec une sage économie; mais si, au contraire, ils sont entre les mains d'une sage et prudente ménagère, ils seront convenablement distribués pour le profit et l'honneur communs. Aussi

> Est-il bien vrai qu'en chaque saison
> La femme fait ou défait la maison.

« Par cette correspondance, la paix et l'union régnant dans votre maison, vos enfants seront bien mieux instruits; c'est aussi ce qui vous fera aimer, honorer, craindre, obéir de vos amis, voisins, serviteurs; et, sous ce rapport, votre maison étant reconnue pour telle, Dieu y habitera; il y mettra sa crainte, vous comblera de bénédictions et vous fera prospérer en ce monde.

« Hésiode, Caton, Varron, Columelle, et autres anciens auteurs qui ont écrit sur la vie champêtre, sont d'accord, quoique païens, pour insister sur la nécessité d'implorer l'assistance du ciel dans la conduite du ménage. N'est-ce pas, en effet, le seul moyen d'apprendre à policer sa maison, à diriger ses enfants et ses serviteurs, de manière qu'avec le respect qu'ils nous doivent ils remplissent chacun sa charge, sans bruit, en vivant honnêtement, et en se comportant sagement avec les voisins?

« De même, nous apprendrons ainsi à aimer les pauvres, à exercer la charité envers eux, à leur faire part de nos biens selon nos moyens et leurs nécessités, dont nous nous informerons, et, de plus, à secourir soigneusement les pauvres malades, infirmes et affligés.

« ... Le père de famille arrangera ses affaires de manière

à être plutôt en état de prêter à ses voisins que dans la nécessité de leur emprunter ; et si, par hasard, il emprunte, il se hâtera de rendre, sachant que *qui rend facilement emprunte deux fois*.

« Il réussira en tout ceci s'il voit toujours sous ses yeux trois récoltes de son bien : l'une dans sa bourse, l'autre dans ses greniers et caves, la troisième dans la campagne. Enfin, s'il ajoute à son ménage quelque honnête négoce qui soit compatible avec la culture de ses terres, il fortifiera la récolte de ses fruits, d'où naîtront les moyens suffisants pour exercer honnêtement tous les actes de charité, de libéralité, d'acquisitions, de réparations ; en un mot, il se rendra tel que Caton désire que soit le père de famille, savoir : *Plus vendeur qu'acheteur.*

« Quoiqu'il y ait lieu d'être satisfait quand on a cultivé la terre de manière à en tirer un bon produit ordinaire, cependant notre père de famille sera plus ambitieux ; il tâchera d'augmenter son revenu par de nouvelles fondations, par des réparations judicieusement exécutées, sans toutefois s'abandonner à un désir immodéré d'acquérir et de réparer... Que ses affections soient toujours bridées par la raison ; mais qu'il n'oublie pas qu'on ne peut améliorer et même conserver son bien sans dépense.

« Il laissera donc dire ceux qui repoussent sans distinction toutes sortes d'innovations, d'essais, de créations nouvelles, et il retiendra cette maxime, que *celui qui n'aime pas les réparations et améliorations n'a que faire de terres.*

« Un bon *mesnager* doit être hasardeux à vendre, hâtif à planter, tardif à bâtir, néanmoins diligent pour construire, mais après avoir planté et non auparavant, à moins que la nécessité ne le presse en quelque bonne occasion ou l'y invite.

« Il n'entrera jamais en querelle avec qui que ce soit, s'il est possible, par le péril de l'issue ; au contraire, il sera humain et courtois avec tout le monde ; jamais colère ni vindicatif, raisonnable en tout, d'accord facile et de loyal compte dans ses affaires, payeur exact de ses dettes, prompt à satisfaire le salaire de ses serviteurs et de ses ouvriers ; il sera vrai, sobre, patient, prudent, économe, généreux, industrieux et diligent, qualités essentielles à l'homme, quelle que soit sa condition, mais plus particulièrement au *mesnager* qu'à tout autre.

« Ces vertus principales sont à notre père de famille des guides assurés pour parvenir à la vraie science de l'agriculture, avec lesquelles il augmentera notablement son bien, dont il retirera d'autant plus de profit et d'honneur qu'il se gouvernera dans ses affaires avec plus de diligence et d'industrie. En voyant son labeur prospérer, en voyant de mauvaises terres devenir bonnes et fertiles entre ses mains, ses voisins le considéreront comme un oracle et l'imiteront. Comme lui, ils s'ingénieront *à retirer un revenu de rien*, en mettant en œuvre une foule de denrées et de produits du sol qu'on laisse généralement perdre, alors que de déserts et misérables lieux laissés en friche pendant plusieurs siècles, — et il s'en trouve beaucoup en France, à la honte de leurs possesseurs et au détriment de l'intérêt public [1], — il fera demeure très agréable, très riche et très commode.

« Que le père de famille possède ces qualités ; que de plus il soit versé dans les termes du ménage et expérimenté dans ses travaux, et il commandera hardiment ses gens, qui lui obéiront d'autant plus volontiers qu'ils connaîtront par expérience que ses ordres sont raisonnables et à propos.

« Par la bonne opinion qu'ils auront conçue de sa compétence, ils travailleront de bon cœur et sans murmure, ce qui manque quand les mercenaires sont sous la conduite d'un chef qui, n'entendant pas ce qu'il veut faire, doit s'en rapporter à autrui. C'est alors à qui le dupera, ou tout au moins se moquera de lui.

« Un des points principaux de la bonne opinion de toute exploitation, c'est de savoir approprier l'ouvrier à l'ouvrage. Grâce à cette sage appropriation, les ouvrages fatigants seront donnés aux plus robustes de vos serviteurs ; ceux

---

[1] Cette vérité énoncée par Olivier de Serres est toujours exacte. Quel champ immense est encore ouvert chez nous au zèle et à l'activité des « bons mesnagers » ! N'est-il pas étrange et déplorable qu'au milieu des progrès merveilleux accomplis dans toutes les autres branches de la science et de l'industrie, l'art agricole soit si peu avancé, et, osons dire la vérité tout entière, si peu en honneur dans un pays aussi fertile et aussi admirablement situé au point de vue des débouchés offerts aux produits du sol !

pour lesquels l'adresse est plus nécessaire que la force
seront confiés aux plus intelligents, et enfin ceux qui
tiennent le milieu entre ces deux qualités, aux ouvriers
qui ont de l'intelligence et de la force.

« Il importe que quiconque doit se faire servir sache
discerner l'humeur et le caractère des hommes, afin d'employer pour les uns la douceur, pour les autres la fermeté ;
mais il est une qualité qui doit être commune à tous :
l'esprit de justice.

« Une recommandation qui peut paraître superflue et
qui a cependant son importance, est celle de désigner toujours par le nom celui ou ceux à qui l'on donne un ordre ;
si, en effet, on commande confusément de faire ceci ou
cela, les ouvriers se regardent l'un l'autre avant de se
mettre à l'œuvre, au détriment de l'ouvrage, qui reste en
arrière ou se fait mal...

« Le père de famille doit donner l'exemple de la diligence
et de l'exactitude ; pour ce faire, il prendra l'habitude de
se lever de grand matin et de se montrer aussitôt à ses
domestiques, qui s'empresseront de se ranger à leur travail. Et comme il faut que le corps ait son repos, il se cou-
chera de bonne heure, se souvenant de cette maxime :

> Si tu te couches tard, tard tu te lèveras ;
> Tard te mettras en œuvre, aussi tard dîneras.

« Que celui qui ne pourra se résoudre à conduire lui-
même ses domestiques et manœuvres, comme le capitaine
ses soldats, ne se mêle point du ménage ; car, en croyant
épargner sa peine, il tomberait dans une honteuse confusion.

« Non seulement cette grande et vigilante sollicitude
est nécessaire au ménage, mais encore dans toutes les
actions du monde. Mais comme le capitaine a des lieute-
nants pour le seconder, notre père de famille, pour son
soulagement aussi, se pourvoira de quelqu'un d'intelli-
gent, homme de bien, de moyen âge, comme de trente à
cinquante ans, sur lequel il se reposera quelquefois, non
pas entièrement, de toutes ses affaires ; mais, réservant
pour lui la principale administration, il lui confiera les
choses qu'il ne pourrait exécuter lui-même sans trop de
travail, se fera rendre souvent compte, et conférera tous

les jours avec lui de ses travaux pour que rien ne demeure en arrière faute de prévoyance.

« Ainsi, conservant son autorité sur tous les siens, il parlera souvent avec « ses mercenaires », plus familièrement toutefois aux journaliers qu'aux domestiques, louant ceux qui auront bien fait et blâmant les autres.

« Il discernera les occasions de se réjouir avec eux ou de se montrer réservé et sévère, afin de faire revenir à son profit l'un et l'autre ; il mêlera la rigueur avec la douceur en les reprenant à propos et non pas continuellement... Il sera difficile à contenter, ne trouvant pas tout bon, tout bien fait dans son service ; mais il y remarquera quelque chose à redire, prenant par là occasion de les exhorter à mieux faire... Il ne s'abandonnera jamais à la colère, se bornant à donner congé à ceux qui se montreraient récalcitrants.

« Le *mesnager* ordonnera tous les soirs les travaux du lendemain, afin que chacun sache à quel endroit et de quelle manière il doit être employé à la prochaine journée, et que dès le point du jour il se rende à l'ouvrage qui lui a été commandé.

« Il conférera souvent avec ses serviteurs de ce qui est nécessaire à ses affaires, soit pour la culture ordinaire du fonds, soit pour quelque nouvelle réparation, en faisant semblant d'adopter leurs avis quand ils se trouveront conformes à son intention. Par ce moyen, ils travailleront de meilleure volonté et s'attacheront davantage au «ménage»...

« Le père de famille exhortera ses serviteurs, selon la portée de leur esprit, à fuir le vice et à suivre la vertu ; il leur défendra les blasphèmes, les débauches, les larcins et autres vices, ne voulant point qu'ils pullulent dans sa maison pour qu'elle soit toujours maison d'honneur.

« Il leur représentera aussi combien l'ordre, l'épargne, la diligence sont profitables dans toutes les actions, et en particulier dans le ménage, ce qui a fait la fortune de beaucoup de maisons pauvres, tandis, au contraire, qu'un nombre infini de familles riches se sont trouvées ruinées par le désordre et la négligence ; c'est pourquoi en toutes sortes d'affaires la paresse et le manque de soin coûtent plus de travail que la diligence.

« Il leur rapportera à ce sujet les beaux discours des

sages, même de Salomon, leur disant que la main du diligent l'enrichit; qu'il ne sera point confus en temps de nécessité, parce qu'il aura suffisamment amassé de biens pour lui et pour les siens; que tout le bien d'un homme laborieux est comme une forte cité; « que quiconque laboure soigneusement sa terre est sûr d'être rassasié, » et autres sentences du même genre.

« Et, au contraire, que le paresseux, ne voulant pas travailler à cause de l'hiver, mendiera en été; que celui qui aime mieux dormir que de veiller, se croiser les bras plutôt que de les étendre au travail, qui est lâche à l'ouvrage et sans cœur, qui par orgueil prend des excuses et a honte quand il faut travailler, est raillé, moqué, comparé au fumier, à la pierre souillée d'ordures, et exposé à l'ignominie lorsqu'on voit ses champs et ses vignes couverts de ronces et d'herbes, leurs clôtures défoncées, etc.; la pauvreté et la famine viennent alors s'asseoir à son foyer, et il ne lui reste autre chose que de vains regrets et des souhaits plus impuissants encore. »

« Salomon renvoie ces paresseux aux fourmis, qui leur apprendront à payer l'été pour l'hiver...

« Cicéron a dit qu'en ne faisant rien on apprend à mal faire. Il ajoute que la diligence est cette mandragore que le sot vulgaire estime porter bonheur à ceux qui font bien leurs affaires; que ces charmes et sorcelleries de toutes sortes, auxquelles on attribue le rendement merveilleux de certaines terres, ne sont autre chose que la diligence et la persévérance au travail.

« Malheur, disent encore les anciens, à la paresse du fainéant, qui par des remises ou des lenteurs ne trouve jamais le loisir de mettre la main à l'œuvre! il apprend à ses dépens la sagesse du conseil :

> Ce que tu peux maintenant ne diffère
> Au lendemain comme le paresseux :
> Et garde bien que tu ne sois de ceux
> Qui par autres font ce qu'ils pourraient faire...

« Oui, qu'il prenne garde, car :

> Qui le temps par trop attendra,
> A la fin le temps lui faudra (lui fera défaut).

« A la longue, en effet, et faute d'avoir su profiter des

bonnes saisons, il se ruinera ; et quand, pour vivre, il aura dissipé pièce à pièce l'héritage si chèrement assemblé par ses prédécesseurs, il tombera, lui et les siens, dans la misère....

« Voilà les discours ordinaires que le père de famille doit tenir à ses gens ; et, ne se contentant pas de les prêcher en paroles, il les instruira par son exemple... Il apprendra particulièrement à mesurer le temps, avec des sciences principales pour la conduite des affaires du monde ; et, s'appliquant à expédier ses ouvrages par rang et saison, il préviendra et évitera la confusion, qui est la ruine de tout négoce.

« Il fera bien nourrir ses domestiques et ses ouvriers, selon leur état ; et quand il se fera dans sa maison quelque « extraordinaire honnête », il les fera participer à la bonne chère. Il pourvoira à ce que leurs vivres, quoique grossiers, soient bons, francs et distribués en bon ordre et quantité suffisante. Il laissera ses gens prendre leurs repas en repos, ne les détournant que le moins qu'il pourra et toujours pour affaire d'importance.

« ... Après le souper, ceux qui auront la charge des bêtes iront les panser, et le père de famille, en se promenant, descendra très souvent aux étables pour y veiller et avoir l'œil à ce que le bétail soit traité comme il faut, car *c'est l'œil du maître qui engraisse le cheval,* dit le proverbe.

« L'oisiveté ne devant jamais trouver place dans un ménage bien réglé, tous les gens, même les plus petits, emploieront la veillée des longues nuits à faire des paniers, des corbeilles, des mannes, des vans, des nattes et autres ustensiles semblables, selon le pays et les matières qu'il produit ; matières dont on doit se pourvoir en temps utile pour le reste de l'année.

« Il est également honteux pour un *mesnager* de débourser de l'argent pour l'acquisition de ces ustensiles ou d'employer à les fabriquer un autre temps que les veillées d'hiver, parce qu'*il ne faut jamais faire de jour ce qui peut se faire de nuit, ni dans un beau temps ce qui peut se faire dans un mauvais.*

« Les anciens ont tous été d'accord pour déclarer que celui qui travaille à la maison en temps clair et serein, plutôt qu'aux champs, n'entend rien au ménage.

« Les jours pluvieux, neigeux et autres mauvais temps, seront donc employés à faire grande provision d'instruments de labourage et de toutes sortes d'outils ; on nettoiera les étables, on charroiera les bois et autres matériaux ; en un mot, on s'arrangera de manière à garder tout le beau temps pour le travail des terres.

« Afin que de même il soit servi par eux, le *mesnager* payera bien et gaiement ses serviteurs, soit en argent, soit en habits, selon ce qui aura été convenu. Tout leur sera donné au terme fixé, sans délai et sans rien rabattre.

« En cas de maladie ou de blessure, il fera charitablement secourir ses serviteurs, leur procurant tous les soins et remèdes nécessaires, les faisant retirer à part dans une chambre à ce destinée. Il y aurait de la cruauté à ne pas assister du mieux possible ces braves gens, surtout s'ils sont pauvres, auquel cas on leur devrait des secours, sans y être obligé par d'autres considérations que celle de leur pauvreté même.

« ... Il est facile à un homme débonnaire de ne point se mettre en courroux, de bien payer, de traiter doucement et de faire bon visage à ses serviteurs ; le difficile est d'employer à propos ces qualités sans qu'elles deviennent préjudiciables au père de famille et à ses gens eux-mêmes.

« Il est donc nécessaire de mêler beaucoup de fermeté à la douceur de ses commandements. Comme la trop grande bonté est prise aisément pour faiblesse, les subordonnés sont comme naturellement portés à se moquer des ordres qui, par trop de douceur, ressemblent à des prières.

« On a reconnu par expérience que les maîtres qui passent le moins de fautes à leurs serviteurs et ouvriers, les gouvernent plus aisément. D'autre part, plus ceux-ci sont grossiers et peu éclairés, moins ils sont disposés à obéir ; ceci prouve combien l'ignorance est opposée à la vertu.

« Un fait non moins remarquable, c'est que les simples paysans sont d'ordinaire mieux servis quand ils ont besoin d'aides que les *mesnagers* les plus bienveillants. Pourquoi les mercenaires sont-ils ainsi naturellement portés à aimer toujours mieux servir les paysans, leurs semblables, que tous autres, bien que chez eux ils seront mal nourris, mal entretenus et moins bien payés ? Cela tient, je pense, en partie, à ce qu'ils trouvent auprès d'eux une sorte d'égalité qui leur plaît. C'est de l'ordinaire des maîtres, et à leur table, qu'ils vivent. Ils sont traités moins poliment, mais ils ne se font faute de riposter sur le même ton.

« Pour se bien faire servir, il faut avoir une intelligence particulière du cœur humain et une expérience consommée. C'est la partie du ménage que je considère comme la plus difficile, la plus délicate et la plus désagréable de la vie rurale.

« La culture des champs serait, sans cette difficulté, une sorte de paradis sur la terre. Voilà pourquoi un bon et fidèle serviteur est un trésor si précieux. Mais, pour en obtenir de tels, il faut se garder de les gâter par trop de douceur et de familiarité.

« La plupart des gens, en effet, s'imaginent, quand on les traite avec une trop grande bonté et qu'on leur montre constamment un visage satisfait, qu'ils méritent plus encore. Cette haute opinion d'eux-mêmes les porte à se montrer à la longue impertinents ; ils finissent par croire qu'on ne pourrait se passer d'eux, et ils cherchent à s'emparer de l'autorité.

« Un sage *mesnager* se servira donc des bons serviteurs autant que dureront leurs bonnes dispositions et non davantage, leur donnant leur congé quand ils manqueront à leurs devoirs par suffisance ou orgueil. Toutefois il supportera charitablement en eux toutes les imperfections qui sont en quelque sorte inhérentes à la nature humaine.

« S'ils demeurent longtemps à son service, il leur fera sentir sa libéralité, soit en leur donnant quelques terres ou fermes, en leur aidant à faire un bon mariage, en leur prêtant quelque argent pour s'établir, etc... En s'acquittant ainsi d'un devoir, il aura l'honneur d'être estimé équitable, et, de plus, il donnera l'exemple à d'autres de s'affectionner à son service...

« *La méfiance est la mère de la sûreté.* Ce proverbe, qui, dans l'antiquité, était la principale règle de conduite d'un maître de maison, ne devrait plus avoir maintenant de raison d'être. Si, en effet, Caton voulait que ses serviteurs dormissent quand ils n'étaient pas occupés, et s'il entretenait, même par artifice, une perpétuelle division entre eux, c'est qu'il avait affaire à des esclaves, à des forçats, c'est-à-dire à des gens désespérés et toujours prêts à la révolte. Mais aujourd'hui que nous sommes servis par des personnes de condition libre et chrétienne, l'avis de Caton ne saurait continuer à être suivi. Qu'y a-t-il de plus dégradant, de plus bestial que la paresse, soit de corps, soit d'esprit? Qu'y a-t-il de plus affreux que la dissension et la haine, surtout parmi ceux qui vivent sous le même toit, mangent le même pain, et doivent se considérer comme enfants d'un même père?

« Donc, et bien qu'il arrive souvent que la mésintelligence entre serviteurs d'un même maître fasse découvrir quelques pillages et autres abus, il ne faut pas s'appuyer sur ces faits pour donner raison au système de Caton, car d'ordinaire les abus s'introduisent chez vous faute d'union et d'entente entre ceux qui vous servent, lesquels emploient parfois plus de temps à se quereller qu'à travailler, plus souvent encore laissent en souffrance certaines parties de la tâche commune pour se nuire réciproquement.

« L'honnêteté et l'intérêt sont donc d'accord pour vous engager à ne rien épargner, afin que la paix, la concorde règnent chez vous, et que vos gens n'aient d'autres occasions de se quereller que l'émulation de bien faire votre service. Qu'un tel esprit de droiture, de zèle, de bonne entente est à souhaiter!... mais qu'il est rare!

« D'ailleurs et comme il ne faut jamais non seulement faire le mal, mais même le souffrir pour qu'un bien en arrive, quelque apparence de raison qu'un père de famille puisse trouver dans le système de Caton, il ne laissera pas d'employer tout son ascendant pour entretenir tout son monde dans une union fraternelle... De même, il ne tolérera aucun abus; et quelques bons services qu'il puisse attendre ou même qu'il reçoive d'un sujet vicieux, il n'hésitera pas à couper le mal dans sa racine, en retranchant du troupeau « la brebis galeuse », après avoir toutefois essayé des moyens de persuasion et de répression en son pouvoir; car, en tolérant des fautes graves, en feignant de ne pas s'en apercevoir, il attirerait la pauvreté et la confusion dans sa famille. »

IV

« Avant de particulariser la culture de la terre, il est nécessaire de détailler les différentes manières dont un ménage doit être conduit, afin de pouvoir choisir en connaissance de cause celle qui offre le plus de profit et d'agrément.

« Deux principales manières sont depuis longtemps en usage : faire cultiver ses terres par des serviteurs, ou les confier à des fermiers.

« Quant à demander que le père de famille s'emploie lui-même au labourage, le temps en est passé. En vain donnerions-nous en exemple un Attilius Regulus Serranus, un Marcus Cato, un Quintus Cincinnatus, un Curius Dentatus et tant d'autres notables de l'antiquité qui, tenant en grand honneur les travaux rustiques, montaient de la charrue à la dignité souveraine, conduisaient des armées, et, après leurs batailles et leurs victoires, laissaient ces dignités de meilleure volonté qu'ils ne les avaient acceptées pour retourner à leur labourage et partager les raves, le pain et le vin, nourriture de leurs valets; nul ne voudrait entendre notre voix : la paresse et les délices de la vie nous ont gâtés, et il n'y a plus que de simples paysans qui veuillent et osent tracer eux-mêmes les sillons de leurs champs.

« Mais revenons à nos deux manières d'exploiter son bien, lesquelles offrent chacune de grandes difficultés.

« La peine de conduire un ménage n'est pas petite; et si le maître ne veut pas s'occuper sérieusement de la direction et de la surveillance des travaux, la première des deux manières dont nous avons parlé ne doit même pas être examinée.

« C'est pendant l'absence du maître que les domestiques font ce semblant de travail dont on se plaint si fort et si injustement; car tandis que la dépense des vivres et des salaires court en augmentant toujours, la terre ne produit que peu de chose; ce qui a fait dire :

> Si le bœuf a rempli ta grange,
> C'est aussi lui qui la mange.

« Et encore :

> Veux-tu savoir quelle voie
> L'homme à pauvreté convoie ?
> Élever trop de palès (palais),
> Et nourrir trop de valès (valets).

« Ces difficultés ont déjà été exposées ; nous n'ajouterons que ce dicton des fermiers :

> Celui son bien ruinera,
> Qui par autres le maniera.

« Et ici le fermier parle par expérience ; c'est sa propre histoire qu'il raconte en deux mots.

« Quel que soit, en effet, le soin que vous aurez mis à choisir votre fermier ; que vous l'ayez pris riche de son propre bien, de façon à n'avoir aucune avance à lui faire, et à toucher régulièrement vos fermages ; que vous l'ayez pris pauvre afin de le mieux avoir sous votre dépendance et surveillance, vous pouvez tenir pour certain qu'au lieu d'augmenter votre bien il vous le diminuera. Peut-être ne vous en apercevrez-vous pas pendant la durée de son exploitation ; mais quand vous reprendrez possession, vous trouverez vos terres lasses et épuisées comme des chevaux de louage et vos bâtiments en mauvais état.

« Par avarice, paresse ou ignorance, mais principalement par avarice, pour épargner un clou ou une tuile, ils laisseront tomber une partie de la couverture du logis, ruine particulière qui peut causer la dégradation générale du bâtiment ; faute d'entretenir un fossé, ils laisseront les eaux envahir un terrain, et, ce qui est pire, miner les fondations de l'habitation ; un pieu manquant à une clôture, l'éboulement d'une ou deux pierres dans un mur de soutènement, et une partie de vigne s'affaisse et se perd ; le bétail abandonné à lui-même et broutant les arbres, et le verger est endommagé pour des années.

« ... Si votre fermier a du bien près du vôtre, soyez sûr que son domaine se labourera et s'engraissera à votre détriment ; son bétail se nourrira dans vos fourrages et pâtis, et cela quelques conventions que vous ayez faites ensemble...

« D'autre part, ils ne manquent pas de décrier votre bien, de publier ses défauts et de taire ses avantages.

Jamais ils ne confessent y avoir gagné; mais ils disent à qui veut l'entendre qu'ils y ont perdu, et cela autant pour dégoûter les concurrents de courir sur leurs brisées que pour vous ôter la fantaisie de le faire valoir vous-même...

« C'est pourquoi les domaines, quoique beaux de nature, après avoir été affermés quelque temps, deviennent laids, hideux, comme s'ils portaient le deuil de l'absence de leurs maîtres.

« Si donc vos charges et vos occupations ne vous obligent pas à vivre hors de votre héritage, vous ne devez pas mettre de difficulté à le faire valoir par vous-même, choisissant à cette fin des serviteurs les mieux qualifiés et les moins vicieux que vous pourrez...

« Vous aurez, en agissant ainsi, choisi le parti le plus sage, le plus honorable et celui aussi qui vous donnera le plus sûrement cette tranquillité d'esprit qui, jointe à une vie régulière et active, constitue le vrai bonheur en ce monde.

« N'est-il pas digne de louange l'homme qui, possesseur légitime d'un beau domaine, allant plus avant, s'évertue non seulement à lui faire produire des fruits ordinaires, mais encore, par une patiente et ingénieuse dextérité, contraint, pour ainsi dire, sa terre d'obéir aux soins et au travail des hommes et de lui rapporter plus que l'ordinaire ?

« Et par contre, quelle honte, comme le dit Caton, que d'être contraint par fainéantise d'acheter ce que notre terre pourrait nous rapporter ! N'est-ce pas rejeter avec mépris les libéralités de Dieu, que de ne pas chercher à recueillir les biens qu'il nous offre, faute d'y vouloir penser ? car il ne s'agit pas d'y employer nos bras et nos jambes avec sueur et peine, mais seulement notre esprit et notre entendement, comme par récréation. Cette réprimande a été faite à cette occasion :

> Pourquoi achètes-tu le vin
> Que ta terre pourrait produire,
> Vu que tu apprêtes à rire
> A celui qui est ton voisin ?

« Cependant, si les anciens nous recommandent de faire cultiver par des serviteurs toutes les parties de terres dont

on peut avoir la surveillance, ils conseillent de donner en
ferme ce que l'on peut avoir sous la main.

« Ce qui était vrai de leur temps l'est encore du nôtre.

« Il y a deux manières d'affermer ses terres : les confier
à un fermier, ou les donner à un métayer.

« Le fermier est celui qui prend le bien à certains prix,
dont il se charge à ses périls et fortune; le métayer ne se
hasarde pas aussi avant, mais seulement il s'oblige à cultiver le bien à la portion, selon le pacte convenu.

« La première condition pour le fermier comme pour le
métayer, c'est qu'ils soient « de l'art de la terre », c'est-
à-dire experts et habiles dans les choses de l'agriculture...
Le père de famille apportera dans le choix de l'un aussi
bien que dans le choix de l'autre la plus minutieuse attention. Il voudra qu'il soit homme de bien, loyal, de parole
et de bon compte; âgé de vingt-cinq à soixante ans, de
bonne santé, marié avec une sage et intelligente ménagère; industrieux, laborieux, diligent, économe, sobre;
point amateur de bonne chère, point ivrogne ni babillard,
ni plaideur; n'aimant point la ville, n'ayant pas de biens,
de terres au soleil, mais des moyens en bourse.

« Ainsi qualifié et rencontré, il sera celui qu'il vous faut,
avec lequel vous n'entrerez pas en pique pour peu de
chose; mais vous supporterez doucement ses petites imperfections, cependant sans rien perdre ou aliéner de votre
autorité, afin de ne le point accoutumer à désobéir et à ne
pas craindre de se mettre en faute.

« Vous compterez souvent avec lui de peur de mécompte;
vous ne laisserez pas courir terme sur terme, ni aucune
autre chose sur laquelle il vous soit redevable, si petite
qu'elle soit; et par la même raison vous n'exigerez de lui,
outre son dû, rien qui lui soit préjudiciable. Vous lui mon-
trerez, au reste, l'amitié que vous lui portez en louant son
industrie, sa diligence, et vous l'attacherez de plus en
plus à votre service en vous réjouissant de ses profits et
trouvant bon qu'il gagne honnêtement le plus possible
avec vous.

« Vous ne changerez que le plus rarement possible de
fermier et de métayer, vous estimant heureux d'en avoir
de passables; mais, s'il se rencontrait que, vous trompant
dans votre choix, vous fussiez tombé sur un homme qui

n'eût pas la plupart des qualités susdites, vous n'hésiteriez pas à vous en débarrasser le plus tôt possible, fallût-il faire pour cela quelque sacrifice d'argent.

« Quel que soit votre fermier ou métayer, ne lui abandonnez pas si complètement votre terre qu'en toutes saisons vous ne la visitiez, — le plus souvent sera le meilleur, — pour remédier aux dégâts survenants, principalement pendant la récolte des fruits ; tenez-vous-en de si près que vous en tiriez raison. Ne souffrez, au reste, dans votre domaine, affermé ou non, aucune introduction de nouveautés qui vous préjudicient, soit des chemins, des pâturages, abreuvoirs, coupes de bois et autres servitudes.

« Vous ne laisserez pas non plus perdre aucunes franchises, privilèges et bonnes coutumes que vous pouvez avoir sur vos voisins. »

V

« La fin de l'agriculture est d'être nourri et entretenu des biens que par elle Dieu nous donne, dont l'usage est d'autant plus agréable à l'homme qu'il reconnaît mieux la bonté du Père céleste au soin qu'il a de lui fournir non seulement les choses qui lui sont nécessaires, mais d'autres qui lui sont délicieuses, et cela autant qu'il en a besoin pour se conserver en bon état.

« Or, puisque par une soigneuse et pénible culture nous tirons de la terre ces riches trésors, par une conséquence nécessaire nous devons nous instruire de moyens justes de les bien employer. C'est donc avec raison que des avis salutaires peuvent être donnés et reçus sur cette matière, d'autant plus à rechercher que chacun désire de s'accommoder avantageusement chez soi.

« Ce n'est pas tout que de faire ses provisions en saison : avec la même dextérité il faut savoir bien se conduire en les détaillant pour s'en servir avec libéralité et économie, afin que la dépense honorable et ordinaire qu'exige notre position continue son train sans interruption.

« En gros, l'agriculture une fois l'an remplit la maison

et, en détail, chaque jour la consommation la vide. Nous pouvons donc dire avec raison que l'un des principaux articles de la science du ménage est d'entendre ces choses; en quoi nous trouverons d'autant plus de profit et d'honneur, au bout de l'année, que la récolte aura davantage surpassé la dépense.

« C'est à quoi le père et la mère de famille s'étudieront selon leurs qualités distinctes, afin que rien ne manque à leur maison pour la décorer et la maintenir honorablement.

« L'antiquité avait attribué à la femme la charge de la maison et à l'homme celle de la campagne. C'est ainsi également que nos ancêtres ont disposé des choses rustiques, — appropriant sagement l'ouvrage à l'ouvrier. — Ce sera donc la mère de famille qui disposera de la distribution des vivres pour la dépense ordinaire, néanmoins avec le concours de conseils nécessaires à tout ménage bien organisé.

« Il est, en effet, quelquefois à propos, selon les rencontres, que l'homme dise son avis et se mêle des moindres choses de la maison, et la femme des plus sérieuses.

« Au temps passé, quand on voulait louer un homme on le disait bon laboureur. C'était aussi alors la plus grande gloire de la femme d'être estimée bonne ménagère. Le temps n'ayant pu atteindre cette louange, elle est encore en telle réputation, que celui qui veut se marier, après les marques de la crainte de Dieu et la modestie par-dessus toutes les autres vertus, cherche en sa femme *le bon ménage* comme un article nécessaire pour le bonheur de sa maison [1].

« Ce nom de *ménage* est donné sans figure, comme par excellence à ce dont nous discourons en cet endroit; néanmoins par là on entend toute la famille, particulièrement en certaines provinces de France où on appelle aussi ménage les meubles et ustensiles de la maison.

« En substance, ce nom est si nécessaire, si honorable, qu'on en a fait dériver le verbe *ménager*, dont nous

---

[1] Olivier de Serres écrivait ceci en l'année 1600. Sommes-nous en progrès sous ce rapport comme sous tant d'autres? A mes lecteurs d'en juger et de se prendre d'un beau zèle pour remettre ce jugement en honneur

disons : ménager la santé, l'amitié, la faveur, la prospérité, l'occasion, le temps, le plaisir, etc.

« L'homme ne peut souhaiter en ce monde une plus grande richesse, après la santé, que d'avoir une femme de bien, de bon sens, bonne ménagère. Étant telle, elle conduira et instruira bien la famille, tiendra la maison remplie de tous biens pour y vivre commodément et honorablement.

« Depuis *la plus grande dame* jusqu'à *la plus petite femme*, la vertu de ménager domine toutes les autres vertus, parce qu'elle est l'instrument qui conserve et embellit la vie.

« Une femme ménagère qui entre dans une maison pauvre l'enrichit. Une femme prodigue ou paresseuse détruit la maison riche. La petite maison s'agrandit entre les mains de la première, tandis que la plus grande se rapetisse entre les mains de l'autre.

« Salomon fait paraître le mari de la bonne ménagère entre les principaux de la nation ; il dit que la femme forte est la couronne de son mari ; qu'elle bâtit la maison ; qu'elle plante la vigne, qu'elle ne craint ni le froid ni la gelée, et que ses enfants et elle sont vêtus comme avec de l'écarlate. Il ajoute que la maison et les richesses proviennent de l'héritage paternel, mais que la femme sage et prudente est donnée à l'homme par l'Éternel lui-même.

« De ces belles paroles notre mère de famille profitera, si elle désire être louée et honorée de ses enfants et servie par eux ; si elle fait plus de cas d'une richesse honnête que d'une misérable pauvreté ; si elle aime mieux prêter qu'emprunter ; si elle prend plaisir à voir toujours sa maison abondamment pourvue de toutes les commodités pour s'en servir à la nourriture ordinaire, à la réception des amis, à la nécessité des maladies, à l'avancement des enfants, au soulagement des pauvres et aux rencontres journalières ; elle se plaira dans son administration et aimera son chez elle.

« La bonne ménagère pourra se procurer ces satisfactions avec peu de travail de corps, mais comme par récréation ; ce sera surtout son intelligence qu'elle emploiera dans son administration, faisant de sa prévoyance le lustre qui éclairera jusqu'aux moindres détails de sa maison; car, de même que nous donnons au père de famille un bon serviteur pour le seconder, nous donnerons aussi à la mère de famille une bonne servante qui lui épargnera beaucoup de peine, son aptitude et sa fidélité lui étant connues. — Elle ne lui confiera néanmoins que ce qu'elle-même ne pourrait faire sans trop de travail et dont elle se fera souvent rendre compte.

« Il est nécessaire que la mère de famille se lève ordinairement de bonne heure; elle donnera ainsi l'exemple de la diligence, et chacun se rangera à son travail pour jouir de l'effet de ces maximes : *Que la matinée avance la journée; que le lever matin enrichit; et que se lever tard appauvrit.*

« La femme qui ne prend pas la bonne habitude d'être matinale s'expose à expérimenter la triste vérité renfermée dans ce distique :

> Trop reposer et trop dormir
> Font le riche pauvre devenir.

« Mais il n'en résulte pas toutefois qu'elle doive s'assujettir à la sévérité de cette loi à laquelle quelques moralistes voudraient l'assujettir : *Être la première levée et la dernière couchée de la maison.* Cette exigence ne serait ni raisonnable ni prudente ; elle l'exposerait à une fatigue au-dessus de ses forces et la priverait sciemment d'un repos nécessaire : ce sera donc sa santé qui en ordonnera.

« Elle s'arrêtera « à l'œil et à la clef », c'est-à-dire à tout voir et tout serrer, tenant pour maxime certaine que *ce que la mesnagère lasche du regard et de la main est mal asseuré.* Ceci se doit entendre dans la mesure du possible.

« Moyennant cette conduite, sous la faveur céleste, la sage ménagère verra sa maison croître d'année en année, et à sa louange, ses voisins désirer de la fréquenter et ambitionner son alliance. »

VI

«... Mais des paroles il faut en venir aux effets pour avoir contentement de notre agriculture. Comme ce n'est que du papier peint que de faire le dessein d'un bâtiment sans pierres, chaux, bois et autres matériaux pour élever l'édifice, aussi vainement aurions-nous représenté le ménage des champs si nous ne mettions la main à l'œuvre.

« On a coutume de se moquer de ceux qui disent vouloir bâtir, planter, réparer sans en avoir l'avancement; de même les terres semblent accuser de négligence ceux de leurs possesseurs qui ne les mettent pas à portée de produire le bien qu'elles ont conçu dans leurs entrailles.

« Les anciens Romains, à cause du préjudice qui revient au public de telle paresse, ordonnèrent que le censeur châtierait toute négligence à faire valoir son héritage, et, par l'exemple de la profitable diligence de Furius Crisinus, ils firent des statuts et ordonnances sur la manière de mettre les terres en valeur.

« Ce Crisinus labourait son héritage, de médiocre étendue, avec tant d'art et d'activité, qu'il en tirait plus de profit que ne faisaient ses voisins de leurs grandes possessions. Ceux-ci, par envie, et sous prétexte que par magie et sortilège il attirait la graisse des champs de son voisinage, l'accusèrent en justice.

« Exact à se rendre à l'accusation qui lui fut donnée, il comparut accompagné de sa fille, bien nourrie, bien vêtue, conduisant ses bœufs gras et alertes, avec ses coutres et ses socs bien forgés et acérés, portant plusieurs autres outils et instruments pour la culture de la terre.

« Montrant cet attirail aux censeurs et au peuple : «Voilà, leur dit-il, mes sortilèges et mes enchantements. »

« Puis, étendant ses mains rendues calleuses par le travail de la charrue :

« — Que ne puis-je, ajouta-t-il, faire passer également devant vos yeux mes labeurs, mes sueurs, mes veilles ! que ne puis-je réunir et vous montrer toutes ces heures, tant de nuit que de jour, employées par moi à fertiliser mon héritage, à arracher à la terre ces libéralités qu'on m'impute aujourd'hui à crime ! »

« De sincères acclamations accueillirent ce court mais éloquent plaidoyer. Peu s'en fallut que Crisinus ne fût ramené en triomphe dans sa demeure, tandis que ses accusateurs cherchaient en vain à se soustraire aux huées et aux railleries de la foule.

« De son côté, Pline raconte, et après lui Plutarque et Tite-Live répètent que Gygès, consultant l'oracle d'Apollon pour savoir quel était l'homme le plus heureux du monde, reçut cette réponse :

« — Ce sage et cet heureux entre tous les mortels, c'est Aglaüs, connu des dieux et inconnu des hommes. »

« Gygès voulut voir cet Aglaüs; par ses ordres on le chercha dans le monde entier. On désespérait de le rencontrer, lorsqu'on le découvrit dans un petit coin de l'Arcadie, cultivant un petit héritage où, au sein d'une famille bien réglée, il vivait fort commodément des biens que, grâce à son industrie et à sa diligence, sa terre lui fournissait en abondance.

« Et parce que les exemples sont destinés à nous servir de maîtres, ce trait que l'histoire a enregistré, probablement à cet effet, doit nous rendre bons ménagers.

« Parmi les nombreuses leçons de même genre que nous offrent les anciens auteurs, nous en choisissons quelques-unes que nous prions le lecteur de vouloir bien méditer.

« Pendant une de leurs guerres civiles, les Milésiens élurent, pour arbitres de leurs différends, des hommes du pays de Parrois, dont la sagesse et la prudence étaient renommées. Ceux-ci, étant arrivés, considérèrent avec soin l'état des villes et territoires des Milésiens. Ils y trouvèrent d'anciens bâtiments ruinés, des villes et des maisons inhabitées, des terres en friche, et s'informant de la cause de ce triste état, ils apprirent que l'oisiveté des habitants avait amené ces désastres.

« Il n'y a pas à s'étonner que des hommes aussi peu occupés se soient jetés dans les querelles publiques, pensèrent-ils.

« Cependant quelques héritages bien cultivés s'offrirent à eux. Ils n'eurent besoin de questionner personne pour se rendre compte que les propriétaires qui avaient su rendre leurs terres aussi fertiles ne s'étaient pas amusés à attiser les haines des factions. Et, sans autres recherches, ils adjugèrent, devant le peuple assemblé, le gouvernement au meilleur de ces ménagers diligents, prétendant que celui qui avait si bien su diriger sa maison se montrerait non moins curieux du bien public qu'il l'avait été de ses propres affaires.

« Sabilique, qui rapporte ce trait, rappelle en même temps qu'Abdolonyme fut élu roi de Sidon, non seulement à cause de sa sage prudence, mais aussi pour ses rares talents en agriculture et pour la bonne tenue et grande prospérité de sa maison des champs.

« Selon Xénophon, Cyrus estimait que la plus belle occupation d'un homme et même d'un prince était, après la guerre, l'agriculture ; lui-même se livrait à l'un et à l'autre de ces deux exercices avec un égal génie. Il prenait plaisir à visiter les départements de ses sénéchaux et présidents de province, s'enquérant du nombre d'habitants par chaque étendue de terrain, des divers modes de cultures, du développement des espèces d'ensemencements et de plantations selon les climats et expositions, etc. etc.; et quand le résultat était satisfaisant, il n'épargnait à ses officiers ni les honneurs ni les richesses ; il augmentait leurs juridictions et comblait de faveurs leur famille.

« Mais, au contraire, trouvait-il une province pauvre et dépeuplée, des terres en friche et l'agriculture peu en honneur, il punissait rigoureusement les gouverneurs et leur enlevait leurs charges pour les confier à de plus dignes.

« Pour le choix des autorités, depuis les principaux dignitaires jusqu'au plus petit surveillant, dans ce vaste empire de l'illustre conquérant, les meilleurs ménagers étaient sûrs de la préférence, toujours par cette raison que nous avons déjà indiquée, que « celui-là est capable des affaires du public qui conduit bien les siennes propres ».

« Aussi à tous les temps a-t-on vu les plus grands souverains et les écrivains les plus éminents se préoccuper du progrès de l'agriculture.

« Entre les richesses recueillies à Carthage lors de la prise de cette ville, on cite vingt-huit livres sur ce sujet, composés par *Mago*, lesquels furent, par ordre du sénat romain, traduits en latin. Le sénat reçut cette traduction avec les plus grands éloges pour ceux qui s'en étaient chargés, et plus de louanges encore pour l'auteur, qui fut proclamé « père du labourage ».

« Le roi Dejotarus se tint pour honoré lorsque Deophanis lui dédia son livre sur l'agriculture, et l'empereur Auguste reçut avec faveur les commentaires de *Caius Vlagius* sur les simples. A l'exemple d'Auguste, Mécène ne dédaigna pas d'accueillir l'ouvrage que lui présentèrent les Sabins sur la nature et les diverses qualités des oignons. Les anciens faisaient un tel état de l'agriculture, que rien de ce qui touchait à cet art estimé divin ne leur semblait au-dessous de leur attention.

« Platon confesse que la vie rustique et solitaire a remporté le prix comme maîtresse et exemple de toute sobriété, économie et diligence, et la propose à l'homme comme un port et un refuge contre la calomnie, l'ambition, l'envie et autres vices.

« Cicéron, dans son discours sur les profits et avantages des arts et des sciences, est d'avis qu'il n'y a rien de plus noble et qui convienne mieux à l'homme noble et libre que le fait de l'agriculture.

« Virgile prétend qu'il ne manque à l'homme des champs pour sa félicité que de connaître son bonheur :

> Oh! que par trop seraient heureux les laboureurs
> S'ils savaient leur bonheur, auxquels, loin des horreurs
> Du discord martial, d'une volonté franche,
> De vivre largement la terre juste épanche [1].

« La connaissance des biens que Dieu nous donne est véritablement le plus important article de notre ménage; c'est, en effet, moyennant cette connaissance que nous travaillons avec joie, profit et bonneur. C'est grâce à cette juste et heureuse appréciation des biens qu'il possède, qu'il adviendra à notre père de famille de trouver sa maison plus agréable, sa femme plus belle et son vin meilleur que ceux d'autrui.

« Les légitimes satisfactions que procure la vie rurale ont induit plusieurs grands personnages à célébrer les plaisirs

---

[1] *O fortunatos nimium,* etc. (Georg. II.)

des champs et à chercher à se les procurer... La sérénité
du ciel, la salubrité du grand air, le plaisant aspect de la
nature : montagnes, plaines, vallons, coteaux, bois, vignobles, prairies, jardins, fontaines, rivières, ruisseaux...,
et, d'un autre côté, la contemplation de la belle tapisserie
des fleurs, l'épais ombrage des arbres, la joyeuse musique

Dioclétien à Salone.

des oiseaux, les divers chants et cris du bétail, gros et
menu, louant tous le Créateur, sont les principales causes
de cet attrait naturel pour la vie des champs, qui s'est
imposé à tant de grands génies et a fait dire au poète :

> Bref, en la vie des champs on ne saurait choisir
> Un jour, heure ou moment, sans honnête plaisir.

« Entre ces avantages si divers, celui-ci est remarquable
qu'aux champs vous ne voyez guère que vos amis, vos

ennemis n'ayant point coutume de vous aller visiter; si bien que, si vous vous trouvez parfois un peu isolé, vous y éprouvez du moins la vérité de ce commun dire: « Mieux vaut être seul que mal accompagné. »

« Au lieu d'être contraint, comme trop souvent dans les villes, de faire bonne mine à telles personnes dont on se sent peu aimé, notre noble *mesnager* vit dans une sainte liberté qui lui permet de choisir ses hôtes et de régler sagement son temps et sa vie.

« Pour jouir de cette précieuse liberté, Cicéron avait ses belles maisons de Cuman, de Formian, de Tusculan, et il s'y plaisait tellement, que c'est dans cette dernière qu'il composa ses *Questions tusculanes,* ainsi nommées du lieu même.

« Pline le Jeune avait son Laurentus, d'où, écrivant à Fondanus, il énumère les délices dont il jouit aux champs.

« Il dit entre autres qu'il n'y a jamais fait, dit, ni ouï chose qui lui ait déplu, n'ayant jamais craint d'être accusé ou calomnié, ni mécontent de nul autre que de lui-même, si toutefois il est possible de n'être point en paix parfaite avec soi-même, lorsqu'on vit en tel lieu sans passions, sans crainte, sans ambition et sans avoir l'esprit troublé par le mouvement, le bruit et les nouvelles des villes.

« Caton le Censeur avait son Sabinus, qu'il appelait le père de sa vie, soutenant que la vie champêtre était la chose de ce monde la plus honorable que l'homme puisse choisir.

« Sénèque, partageant cette opinion, estimait n'être nulle part aussi bien qu'en sa maison des champs, où il avait trouvé le moyen de faire arriver des eaux vives pour arroser ses jardins et ses prairies.

« Dioclétien remit le sceptre aux mains de la république afin de se retirer dans son pays de Salone, où, sollicité par lettres et ambassades de reprendre la charge de l'empire, il ne consentit point à renoncer aux délices des champs et du jardinage.

« Les modernes n'ont pas moins apprécié le calme de la vie rustique : Barthole écrivit ses doctes commentaires sur le droit en un lieu distant de Boulogne envi-

ron demi-lieue, bâti au sommet d'une plaisante monta-
gnette.

« Pétrarque fit à Vaucluse, près d'Avignon, ses poésies
italiennes, contenant entre autres belles choses la louange
de la vie solitaire.

« C'a été de tout temps l'honneur de la noblesse française
que d'habiter les champs, n'allant aux villes que pour
faire service au roi et pourvoir à leurs affaires pressées,
aimant tellement la liberté, qu'il n'y a pas de gentilhomme qui ne se conforme à l'avis de César, estimant
qu' « il vaut mieux être le premier au village que le
second à Rome [1] » .

VII

... Après avoir passé en revue les travaux de l'agriculture, ceux de l'intérieur d'une exploitation rurale, et tracé
le tableau des devoirs de toute nature du bon *mesnager*,
ainsi que celui des distractions et plaisirs qu'il peut se
procurer, Olivier de Serres conclut :

« A tels honnêtes exercices le noble père de famille pas-
sera son temps ; tandis que par sa vigilance ses affaires
s'avanceront, il trouvera par expérience personnelle ce
qui est dit :

> Qui le plaisir à l'utile joint,
> En ménageant le gagne de tout point.

« Pour corriger la trop fréquente solitude de la campagne, il est de grande efficace de se procurer la compa-
gnie de bons livres.

« Scipion l'Africain rendait témoignage de cette vérité
quand il répondait à ses amis, étonnés de sa vie privée
si retirée : *Je ne suis jamais seul quand je suis seul.*

« Celui qui aime les livres ne peut que trouver un

---

[1] On sait quel résultat fatal eut pour la noblesse française et
pour le progrès de l'agriculture l'oubli de ce principe lorsque, sous
le règne de Louis XIV, les gentilshommes, éblouis par le luxe et
les plaisirs de la cour, avides d'obtenir les faveurs du roi, quit-
tèrent leurs domaines pour venir en foule à Paris et à Versailles.

grand plaisir à se promener, un de ses auteurs favoris à la main, dans ses jardins, ses prairies, ses bois, tenant l'œil sur ses gens et ses affaires.

« En temps de froidure et de pluie, retenu à la maison, il se promènera, sous la conduite de ses livres, par terre et par mer, en France et dans les pays les plus lointains, dont les cartes, dépliées sous ses yeux, lui montreront la situation, tandis que l'histoire déroulera devant lui les choses passées, les guerres et les batailles, les luttes et les triomphes, la vie et les mœurs des souverains et des princes... Il étudiera les gouvernements des peuples, leurs lois, leur police, leurs coutumes, tant pour connaître comment la civilisation est née et s'est développée que pour faire profit des avis utiles qu'il pourra retirer de ses lectures en les appropriant à son usage.

« Dans les bons livres, il apprendra à sagement conduire sa famille, à se bien comporter envers ses voisins; surtout à craindre et servir Dieu, à fuir le vice, à suivre la vertu, qui est le chemin du ciel, notre sûre demeure.

« Ce lui sera un grand contentement s'il a quelque connaissance des simples et herbes médicinales de la campagne; car il ne pourra alors sortir de sa maison sans rencontrer l'occasion d'offrir ses louanges au divin Créateur en contemplant les racines, les herbes, les fruits, les fleurs dont les propriétés précieuses et cachées le disputent à l'harmonie, à l'éclat, à la beauté.

« De même, en regardant le ciel, il admirera la puissance qui lui a donné sa splendeur et son immensité. L'étude du firmament, des étoiles, des planètes, des signes célestes, lui donnera la raison des équinoxes et solstices, des éclipses; de la marche de la terre, de celle de la lune.

« Les arts d'agrément, et en particulier la musique, sont à la campagne d'une grande ressource; mais plus utiles encore sont certaines connaissances scientifiques. Ainsi l'arithmétique, la géométrie, la perspective, l'architecture, et même le dessin, pour représenter forteresses et châteaux, sont des études indispensables au *mesnager*. Il doit, en effet, pouvoir retracer, ou tout au moins indiquer d'abord et redresser ensuite, le plan des divers travaux qu'il veut exécuter... Il importe qu'il puisse tracer ses jardins, disposer ses arbres, grouper ses bâtiments avec art [1]...

« Les visites des amis, — visites à recevoir et à rendre, — sont, dans la vie des champs, aussi agréables qu'avantageuses. C'est par là qu'on se crée de bonnes et solides relations, qu'on entretient les vieilles amitiés ; en un mot, qu'on se procure et qu'on conserve le bien précieux entre tous : des amis fidèles et dévoués.

« Moyennant ces belles et nobles qualités, notre vertueux père de famille se maintiendra gaiement en son ménage, il vivra commodément, offrira visage riant et bonne chère à ses amis, et, partageant à propos ses heures, pourvoira à ses affaires, de manière que, mariant le devoir et le plaisir, aucune chose ne demeure en arrière ; mais, au contraire, comme en se jouant, toutes avancent à son contentement et honneur. »

VIII

Après avoir esquissé à grands traits la pensée, l'œuvre et la vie elle-même du seigneur de Pradel, au moyen de ses propres écrits, nous allons aborder un des côtés de cette œuvre et de cette vie que nous avons à dessein laissé dans l'ombre afin de lui consacrer un paragraphe à part.

Nous voulons parler de la culture du mûrier et de l'éducation des vers à soie, industrie qui dota la France d'une source qu'on pourrait dire inépuisable de travail et de richesses.

C'est un maître dans la science du *bon mesnager* et du parfait gentilhomme, aussi bien que dans l'art d'écrire, qui va nous fournir cet important chapitre.

« Ce fut, dit M. de Falloux dans son éloge d'Olivier de

[1] Si Olivier de Serres écrivait aujourd'hui, il n'est pas douteux qu'il n'ajoutât à ses conseils celui de pénétrer aussi à fond que possible dans la connaissance de la physique, de la chimie et de la mécanique appliquées à l'agriculture. On sait combien ces sciences ont fait de progrès, combien se sont étendues leurs applications à l'industrie, et en particulier à l'art agricole, non seulement depuis que le *Théâtre d'agriculture* a paru, mais même depuis moins d'un demi-siècle.

Serres, ce fut une glorieuse et singulière destinée que celle d'Henri IV; promoteur ardent des premières guerres civiles, il lui fut donné d'en guérir toutes les plaies; guerrier et capitaine intrépide, il donna l'impulsion à toutes les prospérités de la paix; grand politique, il fut aussi grand administrateur, et, en cette dernière qualité, il fixa son œil pénétrant sur l'état de l'agriculture.

« C'était déjà faire beaucoup pour elle que d'appeler Sully aux affaires; mais Henri IV n'était pas homme à s'en tenir là. Le prince qui ne serait qu'un grand roi peut se reposer sur d'habiles auxiliaires habilement choisis; Henri IV était plus qu'un grand roi, c'était un grand homme. Il ne se reposa point sur le trône; et, comme il avait travaillé pour y monter, il travailla pour la dignité de sa couronne, pour la restauration du pays, pour la richesse du peuple, pour le développement à la fois de tous les éléments de grandeur publique.

« Entre le roi populaire et le paternel agriculteur, il devait y avoir rencontre; elle eut lieu en effet, et ce fut d'Henri IV que vinrent les premiers pas.

« En l'année 1660, Olivier de Serres se trouva au Pradel selon sa coutume; il venait de créer des prairies, auxquelles le premier il donna le nom d'artificielles; il avait achevé des bâtiments spacieux, où l'on allait, d'un bout de la province à l'autre, « admirer les ménagements du colombier, du poulailler, du rucher et du jardinage; » il menait enfin cette vie de père de famille qu'il définit ainsi : « Bien connaître et choisir les terres pour les acquérir et les employer selon leur naturel, approprier l'habitation et ordonner de la conduite de ses gens. » Henri IV se trouvait à Grenoble pour y préparer une campagne contre le duc de Savoie; les hommes d'armes l'entouraient; Sully avait pourvu avec résignation aux dépenses de l'armée qui allait franchir la frontière. C'est le moment qu'Henri choisit pour envoyer à Olivier de Serres un billet écrit de sa main et ainsi conçu :

« Monsieur du Pradel, vous entendrez par le sieur de « Bordeaux, par les mains duquel vous recevrez la pré- « sente, l'occasion de son voyage en vos quartiers et ce « que je désire de vous. Je vous prie donc de l'assister en

« la charge que je lui ai donnée, et vous me ferez ser-
« vice très agréable. Sur ce, Dieu vous ait, monsieur du
« Pradel, en sa garde.

« Ce 27 septembre, à Grenoble.

« *signé :* HENRI. »

« Cette occasion c'était une immense industrie qu'il
s'agissait de fonder et pour laquelle l'assistance d'Olivier
était devenue nécessaire au monarque. Le mûrier, récem-
ment introduit en France, y végétait sans profit, quand
Olivier découvrit qu'on « pouvait en tirer grands deniers
par l'admirable industrie des vers qui vomissent la soie
toute filée, étant nourris de la feuille du mûrier ». Toute
la consommation de la France en vêtements et ameuble-
ments allait enrichir les manufactures étrangères, et
Henri IV, en traversant le Dauphiné, découvrit, de son
côté, quelle veine féconde et nouvelle on pouvait tirer
du climat méridional.

« Sully trouvait que son prince avait assez d'entreprises sur les bras, il s'opposait à cette tentative, pacifique, il est vrai, mais qui devait néanmoins commencer
par la guerre au trésor, c'est-à-dire par de larges débour-
sés. Le roi persista, et c'est cette obstination salutaire qui
lui fit dépêcher dans le fond du Vivarais un messager por-
teur du billet qu'on vient de lire.

« Olivier n'avait pas d'ambition, ai-je dit en parlant
de ses premières années ; je me suis trompé et je me ré-
tracte. Il avait, j'en suis sûr maintenant, une sérieuse et
profonde ambition, et je ne serais pas étonné qu'en reconnaissant la signature d'Henri IV il eût laissé échapper une larme d'orgueilleux attendrissement. Son cœur
s'élança tout d'un coup bien au delà des limites du Pradel,
et il dut avoir une de ces nobles émotions de citoyens
qui disent : « Mon labeur n'aura pas été stérile, ma
science égoïste et jalouse, j'attacherai mon nom à une des
richesses fondamentales de mon pays. Quittons mon domaine chéri, s'il le faut, laissons l'ajonc dévorer mes
prairies, et allons labourer et planter à l'autre extrémité
de la France pour le service du roi et le profit du bien
public. »

« Olivier de Serres n'a pas laissé la confidence de ses pensées ; mais elles furent assurément celles que je me permets de résumer ainsi, car il partit, et alla porter au roi le secret des plantations de mûriers et de l'éducation des vers à soie.

« Le prince fut-il moins généreux que l'agriculteur ? Non : Olivier abandonnait son domaine, Henri IV offrit le sien et voulut que le premier essai de ce genre prît un caractère national qui le popularisât rapidement ; c'est des fenêtres mêmes de son palais qu'il voulut en surveiller les progrès, ainsi que de Serres nous l'apprend lui-même :

« — Le roi, dit-il, me fit l'honneur de m'employer au recouvrement desdits plants, où j'apportai telle diligence que, au commencement de l'année 1601, il en fut conduit à Paris jusqu'au nombre de quinze à vingt mille, lesquels furent plantés en divers lieux dans les jardins des Tuileries, où ils se sont heureusement élévés. Et pour d'autant plus accélérer et avancer ladite entreprise et faire connaître la facilité de cette manufacture, Sa Majesté fit exprès construire une grande maison au bout de son jardin des Tuileries, à Paris, accommodée de toutes choses nécessaires tant pour la nourriture des vers que pour les premiers ouvrages de la soie... Tel a été le commencement de l'introduction de la soie au cœur de la France. »

L'éducation des vers à soie n'a pas continué dans la région qu'Olivier appelle « le cœur de la France » ; on ne voit pas plus de mûriers aux Tuileries qu'on ne rencontre de magnaneries aux environs de Paris ; s'ensuit-il que les essais d'Olivier et la sollicitude d'Henri IV n'aient pas porté leurs fruits ?

Nous répondrons avec M. de Falloux qu'il suffit de jeter les yeux sur Lyon, Grenoble, sur le Languedoc et sur toute la Provence, pour se rendre compte de l'immense bienfait dont la France agricole et industrielle est redevable à l'illustre châtelain du Pradel.

« Il y aurait, continue M. de Falloux, un rapprochement très instructif à tenter : ce serait l'état comparé de la science agronomique, telle qu'elle se trouve démontrée dans Olivier de Serres et telle qu'elle se développe aujourd'hui, par nos propres soins, sous nos yeux. Ce travail amènerait de curieuses et lumineuses recherches...

Il n'est pas une connaissance que nécessite la direction, sur une large échelle, des travaux de la campagne, qui ne se produise dans le Théâtre de l'agriculture. Appliquant les *règles les plus sûres* dans l'assolement ou l'irrigation des terres, la canalisation des cours d'eau, la distribution des bâtiments propres aux bestiaux et à l'exploitation, il ne se montre pas seulement mathématicien, ingénieur et architecte consommé, il indique encore en savant médecin l'appropriation des plantes aux infirmités humaines. Il consacre de nombreux chapitres au traitement de toutes les maladies; et si ce sont les pages où les progrès modernes l'ont laissé le plus en arrière, on y trouve cependant nombre d'avis précieux, surtout pour les habitants des campagnes reculées, qui doivent s'estimer heureux de recevoir les remèdes des mains mêmes de la nature, et de découvrir une pharmacie presque universelle dans l'herbe qu'ils foulent aux pieds.

« Quant au style d'Olivier, il n'est personne qui ne soit frappé de sa conformité avec le style de Montaigne. C'est la même bonhomie, non feinte et pourtant plus apparente que réelle; la même philosophie railleuse et le même coloris dans le pinceau; enfin la même langue, au même état de naïveté[1], prise à la même distance du siècle des grands modèles et de l'époque de la fixation définitive[2]. »

IX

Les succès et les éloges ne firent pas défaut à Olivier de Serres. Le *Théâtre d'agriculture* eut, de son vivant, huit éditions; plusieurs autres se succédèrent rapidement après sa mort; mais telle est la vicissitude des choses

[1] Nous devons faire observer que les parties du *Théâtre d'agriculture* que nous avons reproduites ne sont point textuellement empruntées à l'œuvre primitive d'Olivier de Serres. Le langage naïf et surtout l'orthographe du xvie siècle en auraient rendu la lecture inintelligible à la plupart de nos lecteurs. Nous nous sommes servis de l'édition publiée en 1802 par M. Grossin, dans le français moderne.

[2] Notice sur Olivier de Serres, lue par M. de Falloux à la Société d'agriculture, sciences et arts d'Angers, le 3 février 1842.

humaines, que les premiers qui ont joui d'un bienfait passant avec le bienfaiteur, ceux qui en héritent après eux en jouissent comme d'une chose acquise, sans s'inquiéter à qui ils la doivent.

L'histoire n'a que peu ou point enregistré les noms des philanthropes ; et la mémoire de ceux à qui nous sommes redevables de la plupart des découvertes et inventions qui forment le fond même de notre vie quotidienne, s'est perdue dans le lointain des âges.

Réagir contre cette ingratitude des uns, contre cet oubli des autres, est, ce nous semble, un devoir. Ce devoir, disons-le à l'éloge de notre temps, a été rempli à l'envi par tous les hommes éminents qui, depuis le XVIIIe siècle, se sont occupés d'agronomie.

Avec la fondation des sociétés d'agriculture, l'ensemble de cet art prit un nouvel essor. Alors on revint sur le temps passé, et on s'aperçut qu'on pouvait y puiser des documents utiles. L'Écossais Patullo, ayant publié, en 1758, un essai sur *l'amélioration des terres*, soutint que l'agriculture du temps d'Henri IV était meilleure que celle du règne de Louis XV, et il tira ses preuves d'Olivier de Serres. Haller, dans sa *Bibliothèque botanique*, caractérise en peu de mots, suivant son usage, le *Théâtre d'agriculture* : « C'est un grand et bel ouvrage, d'un homme expérimenté, ami de la simplicité et ennemi des procédés dispendieux. » Rozier a témoigné dans toutes les occasions le cas qu'il faisait du seigneur de Pradel, et il projetait d'en donner une édition ; il prétendait que, dans son genre, il était si sublime, qu'en toute vérité Bernard Palissy avait pu dire : « Je l'ai chanté toute ma vie, et je le chanterai jusqu'à ma mort. »

« Le baron de Secondat, fils de Montesquieu, qui s'était livré avec passion à l'agriculture, savait par cœur le livre d'Olivier de Serres.

« Parmentier, si zélé pour le progrès de l'agriculture, profita de la publication d'un mémoire sur les avantages que le Languedoc pouvait tirer de ses grains (1786) pour rappeler le mérite d'Olivier et faire revivre son souvenir, en faisant observer que plusieurs écrivains modernes avaient mis ses ouvrages à contribution.

« Broussonnet saisissait toutes les occasions de rappeler

le nom d'Olivier de Serres. De plus, il fit les fonds d'un prix à l'académie de Montpellier pour le meilleur éloge du célèbre agronome [1].

« Faujas de Saint-Fond avait rassemblé des matériaux pour un travail destiné à rendre à la mémoire du châtelain de Pradel le même hommage qu'il avait rendu à celle de Bernard Palissy, en faisant une nouvelle édition de ses œuvres. »

François de Neufchâteau, suivant le même courant d'idées, déclare, dans son éloge d'Olivier de Serres, que « le *Théâtre d'agriculture* réunit trois avantages. Le sujet, dit-il, en est bien saisi ; l'ordonnance en est simple et grande ; quant au langage de l'auteur, on voit qu'il avait fait de sérieuses études : les formes de son style sont celles des auteurs classiques. Il jette dans ce moule des notions si justes, des idées si précises et des conceptions si nettes, qu'une sorte de charme est attaché à sa manière de les rendre... Au courant de tout ce qui tente autour de lui, il ne sépare jamais l'utile de l'agréable, et il s'intéresse autant à ce qui peut rendre la vie plantureuse qu'à ce qui peut la rendre facile et douce.

« Pour s'en convaincre, on n'a qu'à lire ce qu'il dit du *jardin bouquetier*, et ses conseils au jardinier, qu'il appelle l'*orfèvre de la terre*.

« Par ce sentiment de ce qu'on pourrait appeler *la beauté rurale*, il se distingue des agronomes de l'antiquité. Il met une sollicitude touchante à suivre d'un bout à l'autre la vie de son *mesnager* dans tous ses détails : il aime l'homme encore plus qu'il n'aime la terre et les résultats qu'elle procure... »

Dans la séance au cours de laquelle François de Neufchâteau prononça l'éloge dont nous venons de citer quelques passages, la Société d'agriculture prit l'initiative des honneurs à rendre au grand agronome.

François de Neufchâteau ayant, comme conclusion de son discours, proposé d'élever à Olivier de Serres une statue sur l'emplacement occupé autrefois par la magnanerie créée par Henri IV à l'extrémité de la terrasse des Feuillants, ce vœu fut accueilli avec enthousiasme.

[1] Ce prix fut décerné, en 1790, à un discours dans lequel Dorthez fait un bon résumé du *Théâtre d'agriculture*.

Toutefois la nécessité d'un nouvel aménagement dans le jardin de Tuileries, pour y pouvoir placer cette statue, força à renoncer à ce premier projet. On décida enfin qu'un simple monument serait érigé, non à Paris, mais à Villeneuve-de-Berg.

Une souscription s'ouvrit à cette même époque (1804), destinée à faire face à une réimpression intégrale et soigneusement vérifiée du *Théâtre d'agriculture*.

Cette édition, qui porte la date de 1805, forme deux volumes grand in-8°, et contient un très beau portrait du *Mesnager du Pradel*.

Cependant, au lieu de la statue demandée par François de Neufchâteau, il n'avait été encore élevé en l'honneur d'Olivier, ainsi que nous l'avons dit, qu'un modeste obélisque; en 1856, cet obélisque fut enfin remplacé, sur la place de Villeneuve-de-Berg, par la statue si longtemps attendue.

L'inauguration solennelle qui en fut faite jeta une nouvelle et vive lumière sur les mérites et les travaux du célèbre agronome, et désormais « ni le nom d'Olivier de Serres, ni ses leçons, ni ses exemples ne courront plus le risque d'être perdus ».

Les étrangers eux-mêmes concoururent à cette sorte de réparation, entre autres Arthur Young, qui comptait au nombre des circonstances les plus heureuses de son voyage agronomique en France d'avoir pu respirer l'air du Pradel, antique manoir d'Olivier.

« Je contemplai, dit-il, la résidence du père de l'agriculture française (qui est incontestablement un des premiers écrivains sur ce sujet qui aient encore paru dans le monde) avec cette espèce de vénération qui ne peut être sentie que par ceux qui se sont fortement adonnés à quelque recherche favorite, et qui se trouvent satisfaits de la manière la plus délicieuse. »

Le voyageur anglais ne devait pas s'en tenir à cet éloge. Ayant appris qu'une souscription était ouverte à l'effet d'élever sur la place publique de Villeneuve-de-Berg un monument à la mémoire du savant agronome français, il s'empressa de se faire inscrire sur la liste des souscripteurs.

Cet hommage, rendu par un juge si autorisé au mérite

d'Olivier de Serres, suffirait à justifier les paroles suivantes, que nous trouvons dans une de ses biographies et par lesquelles nous terminons ou plutôt nous résumons notre propre travail :

« Il est des hommes qui sont appelés à jeter une vive lumière non seulement sur leurs contemporains, mais sur les siècles qui suivent. Parmi ces heureux bienfaiteurs de l'humanité, on doit ranger Olivier de Serres, qui, au milieu d'une époque qui ne semblait organisée que pour la destruction et la guerre, sut appeler les esprits vers l'art paisible de l'agriculture, le premier, le plus ancien de tous les arts, comme il le dit lui-même. »

DUHAMEL DU MONCEAU (Henri-Louis)

(1700-1782)

I

Duhamel du Monceau, inspecteur général de la marine, pensionnaire botaniste de l'Académie des sciences, membre de l'Académie de marine, de la Société de médecine, de la Société royale de Londres, de l'Institut de Bologne, des Académies des sciences de Saint-Pétersbourg, de Stockholm, d'Édimbourg et de Palerme, des sociétés d'agriculture de Paris, de Padoue et de Leyde, naquit à Paris en 1700. Il était fils d'Alexandre Duhamel, seigneur de Denainvilliers, et d'Anne Truttiers.

Il descendait de Loth Duhamel, gentilhomme hollandais, venu en France vers 1400, à la suite du duc de Bourgogne. On ne sait rien de sa famille avant cette époque, sinon qu'elle était d'origine française.

De tout ce qu'on voulut lui enseigner au collège d'Harcourt M. Duhamel ne retint qu'une seule chose : c'est que les hommes, en observant la nature, avaient créé une science qu'on appelle la *physique;* et, voyant que cette science s'apprenait mal dans les écoles, il résolut de ne profiter de sa liberté que pour l'étudier.

Il se logea auprès du jardin du Roi[1], le seul établissement public où l'on enseignât alors, à Paris, ce qu'il désirait savoir. MM. Dufay, Geoffroy, Lémeri de Jussieu, Vaillant, furent les amis qu'il choisit au sortir du collège.

---

[1] Aujourd'hui jardin des Plantes.

Or on peut prévoir assez sûrement ce qu'un jeune homme doit être un jour en le jugeant d'après ses relations, soit que l'influence de ces premières liaisons s'étende sur toute la vie, soit qu'elles ne fassent qu'indiquer le caractère ou les penchants, et que celui qui choisit mal ait déjà perdu ce qui reste même quelquefois aux hommes vicieux, le goût de la vertu dans les autres.

M. Duhamel n'avait encore étudié que par amour pour l'étude et pour sa propre satisfaction, lorsque le safran, culture importante dans le Gâtinais, province où sa terre était située, fut attaqué d'une maladie qui paraissait contagieuse. Des oignons sains placés à côté d'oignons infectés éprouvaient bientôt le même dépérissement. Le gouvernement consulta l'Académie, et elle crut pouvoir charger de sa réponse M. Duhamel, qui cependant n'était pas encore académicien et n'avait que vingt-huit ans.

Il trouva que la maladie était causée par une plante parasite qui s'attache à l'oignon de safran, se nourrit aux dépens de sa substance, et, s'étendant sous terre d'un oignon à l'autre, envahit tout l'espace où on lui permet de se répandre.

L'Académie vit dans ces recherches tout ce qu'elle devait attendre des lumières, du zèle, de l'exactitude de M. Duhamel, et elle se hâta d'en faire un de ses membres.

Depuis la renaissance des lettres, la plupart des savants, à l'exception des médecins, semblaient ne s'être occupés de l'application des sciences à l'usage commun qu'autant qu'il le fallait pour prouver qu'elles ne sont pas inutiles; aussi regardait-on presque tous les savants comme des hommes qui servaient plus à la gloire qu'à l'avantage réel des nations.

Ce préjugé s'est dissipé depuis que les sciences, en se développant davantage, ont été mieux connues, et on a dû chercher à les rappeler vers la pratique, lorsque, s'étant enrichis successivement des travaux de plusieurs générations, on a pu faire avec plus de facilités d'heureuses applications des vérités déjà établies, tandis que la découverte de nouvelles vérités devenait de jour en jour plus difficile.

M. Duhamel se trouva placé dans cette époque, et il

n'hésita point à se consacrer à l'utilité publique, dût-il lui en coûter un peu de sa gloire.

Nous allons placer ici moins le précis de ses ouvrages que le tableau des services qu'il a rendus à l'agriculture, aux arts et à la science de la navigation.

Le safran.

Une connaissance approfondie de la physique des végétaux doit être la première étude d'un philosophe qui aspire à rendre les végétaux plus utiles; elle occupa d'abord M. Duhamel. Sa *Physique des arbres* ne parut cependant qu'en 1758; il ne voulut la publier qu'après une longue suite d'expériences qu'il avait soumises presque toutes au jugement du public.

On voit, dans cet ouvrage, M. Duhamel, toujours timide à adopter une opinion, mais infatigable pour multiplier les expériences, se montrer supérieur à la petite vanité de ne

placer dans ses livres que ce qu'il a démontré et observé
le premier, mais n'adopter ce qu'il emprunte qu'après
l'avoir confirmé par de nouveaux essais... Un grand nombre
de remarques pratiques, destinées à éclairer les cultivateurs, sont répandues dans cet ouvrage.

D'abord il porte ses regards sur les arbres employés
dans la marine ou l'architecture, pour les usages communs de la vie, pour la fabrique des métiers et des instruments nécessaires aux arts; il enseigne à distinguer
le terrain qui convient à chaque espèce, la méthode de la
cultiver, les usages auxquels elle est propre.

Du bois il passe aux arbres fruitiers, qui fournissent
l'une des nourritures de l'homme les plus saines, les plus
abondantes; il trouve à combattre et tous les préjugés
d'un art qui ne s'était alors perfectionné qu'entre des
mains grossières, et tous les embarras d'une nomenclature
immense pour laquelle les caractères botaniques deviennent insuffisants. Il dissipe les préjugés, il oppose aux
difficultés le travail et la patience. Il enseigne à bien connaître ces individus précieux, à les perpétuer par la greffe,
à conserver ou à varier leurs espèces, à multiplier leurs
fruits et à les améliorer, à rendre leur fécondation plus
assurée et plus constante, à conduire l'arbre et à le conserver.

Il s'attache surtout aux espèces qui, propres à produire
ces boissons spiritueuses devenues en quelque sorte pour
l'homme un de ses premiers besoins, couvrent des provinces entières, et dont la culture, employant l'industrie
de tout un peuple, devient le principal moyen de sa subsistance.

Il ne traite pas avec moins de soin les arbres qui, tels
que les pêchers, objets d'une industrie plus bornée et
cultivée pour les délices d'une grande ville, font vivre par
leur produit une partie du peuple industrieux qui l'envi-
ronne.

L'agriculture proprement dite devint aussi l'objet de ses
travaux. Il soumit à des expériences et à des observations
longtemps suivies la manière de traiter les terres destinées
à recevoir des grains et la méthode de les semer; il s'occupa des moyens de préserver les blés des divers accidents
qui s'opposent à leur conservation; il espéra qu'en expo-

sant le grain dans des étuves à une chaleur assez forte
pour faire périr les œufs et les nymphes des insectes qui
peuvent y être contenus, en le privant par cette même
opération de son humidité, il pourrait le garantir à la
fois des deux fléaux les plus destructeurs : la fermentation
et les insectes...

Il soumit l'art des engrais à des principes fondés sur
la saine physique. Il établit deux cultures : la culture de la
rhubarbe et celle des prairies artificielles, et il eut le plaisir
de voir, même de son vivant, ces productions, presque
inconnues à la France dans sa jeunesse, se répandre et
enrichir les cantons qui les avaient adoptées.

Mais il en est de l'art de cultiver la terre comme de tous
les autres arts. Toutes les fois qu'ils sont exercés par des
hommes à peine au-dessus du besoin, ils restent dans la
médiocrité.

C'est qu'il n'y a pas d'innovations possibles sans avancer, sans risquer. L'agriculture ne peut donc recevoir de
perfectionnements que par le concours des propriétaires
riches, se faisant cultivateurs par goût et par dévouement,
s'occupant des progrès de l'art par ce sentiment naturel
qui attache l'homme à l'objet de ses travaux, et s'y intéressant assez pour consacrer une partie de leur superflu
et de leurs loisirs à tenter des expériences, à essayer des
méthodes [1].

Il faut ensuite que l'exemple de ces propriétaires, la
vue de leurs succès, les encouragements qu'ils peuvent
donner, répandent de proche en proche ces nouveautés
utiles, auxquelles l'ignorance et le préjugé mettent moins
d'obstacles que la crainte d'une dépense inutile, crainte
qui ne saurait être balancée par l'espérance d'un très

[1] L'État, par un enseignement agricole bien compris, par la
création, ou simplement par les encouragements que ces établissements réclament, de comices agricoles, de fermes modèles, de
colonies agricoles, peut arriver aux mêmes résultats heureux que
le grand propriétaire terrien. Depuis que Condorcet écrivait la
biographie de Duhamel, les gouvernements qui se sont succédé
en France sont entrés dans cette voie. On a beaucoup fait, de
grands résultats ont été obtenus ; toutefois ce progrès, quoique
très réel, ne peut guère être considéré jusqu'à ce moment que
comme un mouvement, une impulsion donnée, que notre génération a le devoir de poursuivre et de développer.

grand profit, quand la dépense est prise sur le nécessaire...
Quand il s'agit d'ailleurs d'une méthode qui n'est avantageuse qu'à la condition de se généraliser, c'est de l'intérêt
seul, — d'un intérêt bien démontré, — qu'il faut en
attendre le succès.

II

M. Duhamel avait été attaché au département de la
marine sous l'administration de M. de Maurepas, qui lui
avait donné le titre d'inspecteur général. La confiance du
ministre fit espérer au citoyen qu'il pourrait se rendre
utile, et dès lors il embrassa toute l'étendue de la science
navale.

La construction des vaisseaux, la fabrique des voiles,
des cordages, la connaissance, la conservation du bois,
l'occupèrent successivement, et furent l'objet de plusieurs
traités qui, comme presque tous ses ouvrages, sont d'immenses recueils de faits et d'expériences : il cherche partout à constater quelle est la meilleure pratique, à la
réduire à des règles fixes qui la séparent de la routine, à
l'appuyer même sur les principes de la physique ; mais,
s'abstenant de toute théorie quand il ne peut l'appuyer que
sur des hypothèses, on voit qu'il ne veut plus être savant
dès que la science n'est plus utile...

M. Duhamel fit établir une école pour les construc-
teurs, et par ce moyen il les sépara à jamais de la classe
des simples ouvriers : les artistes célèbres en ce genre que
la France a eus ont été formés par lui et d'après ses principes ; et si, dans cet art important, les nations étrangères
ne nous accordent pas une supériorité dont l'orgueil national convient si rarement, du moins presque toutes nous
traitent comme les généraux de la flotte grecque traitèrent
Thémistocle : elles nous placent au second rang, et ne
préfèrent à la construction française que la méthode
qu'elles ont adoptée.

Il perfectionna aussi l'art de la corderie ; il prouva qu'en
tordant moins les câbles on avait des cordages aussi forts,
plus durables, moins pesants, qui exigeaient et moins de

matière et moins de main d'œuvre : cette correction très simple, que l'expérience lui fit découvrir, réunit tous ces avantages, qui semblaient, au premier coup d'œil, devoir se combattre et s'exclure.

Dans tous les genres, ceux qui se livrent à la pratique ont pour la théorie une aversion qu'il ne faut pas attribuer à leur ignorance, et moins encore à l'inutilité de la théorie; mais ils voient avec un sentiment douloureux cette espèce de supériorité qu'elle donne, et qui blesse d'autant plus qu'elle semble tenir à une supériorité personnelle. Si la pratique a été accompagnée des dangers qui l'ennoblissent et de la gloire qui est la juste récompense du courage, alors l'aversion pour les théoriciens doit être encore plus juste, parce qu'on trouve leurs prétentions d'autant plus injustes que les connaissances pratiques ont plus coûté; aussi M. Duhamel eut-il souvent de la peine à se faire écouter, surtout dans ses premières inventions.

Les sciences, moins cultivées qu'aujourd'hui, moins répandues dans les différentes classes de la société, commençaient à peine à triompher des préjugés anciens qui les avaient dégradées et des préjugés nouveaux que l'ignorance avait élevés contre elles; elles n'avaient ni autant de considération ni autant de ressources qu'elles en ont acquis; elles étaient moins utiles, et leur utilité n'était pas aussi bien reconnue.

Dans les nombreux voyages que M. Duhamel fit dans les ports pour exécuter des expériences en grand, pour examiner des questions relatives aux constructions ou aux établissements de marine, pour essayer des machines ou des instruments, il trouva plus d'une fois des difficultés à essuyer; mais il sut en triompher par les deux moyens les plus sûrs peut-être pour désarmer l'amour-propre : la modestie et cette pureté d'intention et de conduite à laquelle cèdent à la longue et toutes les haines et toutes les passions.

Un jeune officier, cherchant peut-être à l'embarrasser, lui fit un jour une question. *Je n'en sais rien* fut, dans cette circonstance comme dans bien d'autres, la réponse du savant. *A quoi sert-il donc d'être de l'Académie?* murmura le jeune homme.

Un instant après, interrogé lui-même, il se perdait

dans des réponses vagues qui décelaient son ignorance. *Monsieur,* lui dit alors M. Duhamel, *vous voyez à quoi il sert d'être de l'Académie : c'est à ne parler que de ce qu'on sait.*

Pendant son séjour à Toulon, il proposa quelques innovations qu'il jugeait utiles; elles furent rejetées par les personnes qu'il consulta, et, sentant que le moment de les établir n'était pas venu, il n'insista pas. Peu de temps après, M. de Maurepas lui demanda son avis sur un mémoire envoyé de Toulon, où un de ceux qui avaient combattu ses propositions présentait les mêmes projets, mais comme s'ils eussent été son ouvrage. *Monsieur,* dit M. Duhamel au ministre, *il faut faire exécuter ce qu'on vous propose, mais laissons-en l'honneur à l'auteur du mémoire : pourvu que le bien se fasse, il importe peu qu'un autre ou moi en ayons la gloire.*

C'est par de pareils moyens qu'il parvint à dissiper toutes les préventions, et à voir les mêmes hommes que l'idée de toute nouveauté avait d'abord effrayés s'unir à lui pour former une académie de marine destinée spécialement à perfectionner toutes les parties de la science navale.

On a de M. Duhamel un traité sur la conservation de la santé des navigateurs. L'air qu'on respire à la mer est très pur; et si le séjour des vaisseaux est malsain, il faut en accuser non l'état naturel de l'air, mais la réunion d'un trop grand nombre d'hommes dans des lieux étroits où l'air extérieur pénètre difficilement; il faut l'attribuer moins à l'excès ou aux dangers du travail qu'à la malpropreté et à la négligence des équipages; enfin il faut l'attribuer au peu de précaution que l'on prend pour la conservation de l'eau et de la nourriture, plutôt qu'à la salubrité réelle des aliments. A toutes ces causes presque volontaires se joint encore la trop grande quantité d'animaux entassés ordinairement à bord... M. Duhamel cherche des remèdes contre tous ces maux. Il décrit des ventilateurs de toute espèce alors connus; il propose, comme moyen à employer pour renouveler l'air, le feu de la cuisine des vaisseaux. Il indique les précautions qu'il faut prendre, la discipline qui doit être établie pour la propreté des bâtiments et la santé de l'équipage.

Il donne des méthodes pour conserver l'eau et les vivres et pour en préparer de plusieurs espèces qui soient à la fois sains, peu coûteux et d'une longue conversation. Il emploie toutes les ressources que la botanique, la chimie, la physique peuvent lui offrir; et, comme un intérêt d'humanité plus direct était le but de cet ouvrage, il n'en est aucun qu'il ait travaillé avec autant de soin, dont il se soit occupé avec un plaisir plus évident.

Tant de travaux n'empêchaient pas M. Duhamel d'être un académicien très assidu, et l'un des plus exacts à payer le tribut de travail que les règlements exigent.

Nous ne suivrons pas Condorcet dans l'énumération et l'analyse de ces travaux; mais nous nous bornerons seulement à ce qui a trait, de loin ou directement au sujet que nous étudions.

L'étude profonde que M. Duhamel avait fait de l'économie végétale lui avait montré entre les animaux et les plantes une suite d'analogies frappantes; il était d'autant plus important de les observer, que ces deux classes d'êtres également doués de l'organisation et de la faculté de se mouvoir, de croître et de se reproduire, ne sont séparées l'une de l'autre (surtout dans les points extrêmes où elles semblent se toucher) que par des nuances à peine sensibles; tandis qu'un intervalle immense sépare les êtres vivants de ces deux règnes du reste des corps naturels, où l'on ne voit plus aucune organisation, où les individus ne jouissent point d'une force propre, n'éprouvent d'action que par l'effet des causes générales qui, réglées par des lois mécaniques, agissent sur leurs molécules et sur leurs masses.

M. Duhamel examina d'abord si l'endurcissement et la formation des os et leur séparation ne suivaient pas des lois semblables à celles qu'il avait assignées à l'accroissement des arbres; et il établit, d'après une suite d'expériences, que les os s'augmentent par l'ossification des lames du périoste, comme les arbres par l'endurcissement des couches corticales... M. du Haller attaqua cette opinion. Il ne nous appartient pas de discuter sur le fond de la discussion; mais, quand bien même M. Duhamel n'aurait proposé qu'un système ingénieux, ne suffirait-il pas à sa gloire (puisqu'il s'agit d'une question d'anatomie) d'avoir partagé quelque temps les savants de l'Europe entre M. du Haller et lui?...

M. Duhamel s'occupa beaucoup de chimie. Il avait une correspondance très étendue; il ne laissait rien échapper de ce qui se passait sous ses yeux, et il avait soin de consigner dans les recueils académiques tous les faits curieux qui s'offraient à lui, ou qui lui étaient communiqués par ses correspondants...

Une simple notice ne saurait suffire à donner une idée de tous ses travaux; et si l'on s'étonne qu'un seul homme ait pu suffire à une tâche aussi vaste, nous dirons que M. Duhamel avait un frère qui, fixé dans la terre de Denainvilliers, dont il portait le nom, partageait son temps entre la bienfaisance et l'observation de la nature, et n'était occupé que de soulager les habitants de ses terres et d'aider son frère dans ces travaux. Pendant que M. Duhamel composait ses ouvrages, consultait les savants, entretenait une correspondance avec les hommes les plus éclairés de l'Europe, s'occupait de nouvelles recherches sur les sciences, formait le plan de ses expériences et de ses observations, M. de Denainvilliers suivait, dans sa retraite, les observations et les recherches dont son frère l'avait chargé, toujours inconnu, satisfait de l'être, servant l'amitié, se rendant utile à sa patrie et ne demandant d'autre récompense que le plaisir d'avoir fait du bien.

Pour juger M. Duhamel, il fallait voir à Denainvilliers : des campagnes couvertes de productions étrangères enrichissant les cultivateurs, dont les pères avaient ignoré jusqu'au nom de ces plantes utiles ou salutaires; partout les terres du seigneur présentant des résultats plus ou moins heureux, mais toujours instructifs d'expériences ou de procédés nouveaux d'agriculture; des forêts remplies d'arbres venus de toutes les contrées du globe, offrant aux yeux un aspect piquant par sa variété, intéressant par l'aspect des richesses que ces plantations préparent; des vergers où sont rassemblés tous les fruits que l'industrie humaine a pu créer ou perfectionner dans nos climats; des fermes dont les plus petits détails renferment une foule de moyens de salubrité, de commodités ou de profits, moyens qui, suggérés par une physique éclairée, sont pour les habitants de la campagne des leçons et des modèles... Tel était le spectacle unique qu'offrait ce lieu célèbre par le séjour des deux frères.

Dans ses ouvrages, M. Duhamel compte peu sur les connaissances de ses lecteurs; il ne veut pas exiger d'eux une attention qui, en les fatiguant, pourrait les rebuter : ce n'est point pour les savants qu'il écrit, c'est pour tous ceux qui veulent acquérir les lumières applicables à la pratique. Il ne se borne point à dire ce qu'il a observé de nouveau; il dit tout ce qu'il croit qu'ont besoin d'apprendre ceux auxquels il s'adresse : il rend compte des expériences, des observations même qui ne l'ont conduit à aucun résultat, afin d'épargner du moins aux autres des recherches superflues. S'il se fût occupé de sa gloire, il les eût réduites en un espace plus resserré; il n'eût parlé que de ce qui était véritablement à lui, n'eût rapporté que celles de ses expériences, de ses observations qui l'avaient mené à des découvertes; on eût été plus frappé de ses talents, de sa sagacité, on lui eût rendu plus de justice, mais il aurait été moins utile.

III

M. Duhamel eut une probité sévère, un désintéressement que rien ne put altérer et qu'il porta jusqu'à ne pas songer même aux intérêts de sa famille. Ses revenus étaient employés en expériences, en dépenses pour l'impression de ses ouvrages; toute espèce de faste et presque de vanité lui était étrangère; sa vie fut toujours simple comme ses manières et ses discours... Sa franchise avait quelquefois de la dureté, sa vivacité pouvait paraître de la brusquerie; mais il avait un cœur droit, il était bon; ses défauts semblaient n'être que des vertus mêmes portées jusqu'à l'excès; on ne pouvait s'empêcher de les lui pardonner, et on eût à peine osé désiré qu'il ne les eût pas...

Il ne se maria point et n'en eut jamais le désir ni le projet; complètement absorbé comme il l'était par l'étude et par la passion de se rendre utile à l'humanité.

M. Duhamel conserva toute sa vie les principes de re-
ligion qu'il avait reçus dans son enfance. Il pratiquait ses
devoirs religieux avec exactitude, mais sans faste... Quelques personnes, en lisant l'histoire des sciences, ont cru
trouver parmi les savants une disposition plus ou moins
grande à la piété, suivant les différents genres de connaissances qu'ils cultivent, et les botanistes leur ont paru
mériter d'être mis au premier rang. En effet, c'est dans
le règne végétal qu'il semble que l'on découvre davantage
une suite de desseins et de vues et qu'on peut moins attribuer l'ordre que l'on aperçoit à l'effet nécessaire des lois
de la mécanique; les faits qui ne peuvent entrer dans cet
ordre ou qui semblent le contredire frappent moins l'ima-
gination, étonnent moins la raison, parce qu'il n'en résulte
point, comme dans le système des êtres animés, un mal
inévitable et direct pour nous-mêmes; aussi l'observation
du règne végétal semble rappeler plus fortement l'idée
d'une cause première, nous entretenir plus souvent de
ses bienfaits et porter plus naturellement notre âme à la
reconnaissance.

Une existence douce et tranquille fut le prix des vertus
de M. Duhamel. Jouissant de la considération publique,
de l'estime, du respect même de ses confrères, il avait
obtenu la gloire qu'il désirait, celle d'avoir beaucoup fait
pour le bien de l'humanité. Occupé sans relâche, mais
sans efforts, récompensé du travail de ses recherches par
le succès et par l'utilité de leurs résultats, il était débarrassé des soins domestiques par l'amitié de son frère; aidé
dans ses travaux par un coopérateur si cher, avec lequel
il n'avait rien à disputer ni à partager, il vivait entouré
de neveux dont les succès dans plus d'un genre étaient
encore pour lui une source de bonheur [1].

Il les aimait avec la tendresse d'un père, mais d'un père
sage et sévère qui, en s'occupant de ses enfants, suit sa
raison plus que la leur, agit d'après son sentiment plus
qu'il ne consulte leurs inclinations. Il négligea leur for-

---

[1] Un entre autres de ses neveux, M. Fougeroux, de l'Académie
des sciences, fut le continuateur des travaux et des qualités précieuses de M. Duhamel. Par ses soins Denainvilliers fut conservé
et dirigé d'après les mêmes principes et avec le même soin que du
vivant des deux frères, dont il se montra le digne héritier.

tune comme il avait négligé la sienne, et le prix de tous ses travaux a été perdu pour sa famille comme pour lui-même.

Quelquefois il se plaignait d'être oublié par le gouvernement, et même il s'en plaignait avec un peu d'humeur, parce qu'il trouvait cet oubli injuste et décourageant pour ceux qui, avec un zèle égal au sien, n'auraient ni la même fortune ni le même désintéressement; mais il ne fit jamais rien pour qu'on réparât cette injustice, et il ne demandait même point qu'on le dédommageât d'une collection très coûteuse de modèles de vaisseaux et de machines de marine qu'il avait rassemblée à ses frais et donnée au gouvernement, parce qu'il avait pensé qu'elle serait plus utile étant déposée dans un lieu public que si elle restait cachée dans la maison d'un particulier.

La mort de M. de Denainvilliers vint troubler la paix dont il jouissait, le condamner à s'occuper des soins domestiques, à faire seul ce qui lui avait été si doux de partager avec un frère; ses neveux n'oublièrent rien pour adoucir l'amertume de cette perte; l'un d'eux, son confrère à l'Académie et son disciple, devint le compagnon de ses travaux [1]. Une nièce chérie lui prodigua jusqu'à ses derniers moments ces soins consolateurs auxquels son sexe sait mêler tant de douceur et un charme si touchant. Mais la chaîne qu'une longue habitude lui avait rendue si chère s'était brisée, et rien ne l'attachait plus à la vie.

Son ardeur pour l'étude n'était pas diminuée, mais il s'affaiblissait peu à peu sous le poids de l'âge; il avait l'air de faire les mêmes choses et avec la même activité, mais ses forces ne répondaient plus à ses désirs... Au printemps suivant il oublia, pour la première fois, d'aller voir les plantations dont il avait embelli ses terres et qui, par l'exemple qu'elles ont donné, étaient un de ses ouvrages les plus utiles. Quoiqu'il allât avec la même assiduité aux séances de l'Académie, on s'apercevait qu'il n'y assistait plus avec le même intérêt. Enfin, le 22 juillet, il fut frappé d'une apoplexie, presque en sortant de l'Aca-

---

[1] M. Fougeroux. Voir la note ci-dessus.

démie, et mourut après vingt-deux jours d'une espèce
d'assoupissement, sans avoir éprouvé de vives douleurs
et presque sans agonie.

Telle fut la fin d'un des hommes qui ont le plus contribué, au XVIIIe siècle, à rendre les sciences respectables,
surtout aux yeux de ceux qui ne peuvent en juger que par
leurs effets immédiats sur le bonheur des hommes. Sans
avoir ces qualités brillantes qui forcent l'admiration, il
jouit d'une réputation que ses travaux et sa conduite
avaient méritée ; les étrangers le recherchaient avec empressement, et son nom était, dans toute l'Europe, pour
les voyageurs une des recommandations les plus honorables et les plus efficaces.

Sa carrière, utile, glorieuse et paisible, est une des plus
heureuses que l'histoire des sciences puisse présenter : il
fera époque dans cette histoire, parce que son nom s'est
trouvé lié avec cette révolution dans les esprits qui a dirigé
les sciences vers l'utilité publique, et que personne n'y a
plus contribué que lui.

Sans doute cette révolution sera durable ; l'idée du bien
général des hommes sera le guide des savants dans leurs
recherches ; ils sauront la préférer peut-être à leur gloire
même, et les hommes les plus éclairés sauront aussi distribuer la gloire d'une manière plus utile à leurs intérêts.
Mais il est rare qu'on puisse rester dans de justes bornes,
et qu'en renonçant à une erreur on ne tombe dans l'erreur
opposée ; si, les sciences s'étant trop élevées vers le ciel,
il a été avantageux de les rappeler vers la terre, il ne faut
pas les condamner à y ramper.

On ne fait pas une découverte parce qu'on en a besoin,
mais parce qu'elle est liée avec des vérités déjà connues et
que nos forces peuvent enfin franchir l'espace qui nous
en sépare. Si les savants avaient borné leurs études aux
objets qui présentent une application immédiate, les
branches des sciences les plus importantes ne seraient
peut-être point encore créées ; et sans cet instinct qui porte
l'homme vers des recherches qui paraissent vaines aux
yeux du vulgaire, jamais il n'eût employé d'une manière
si utile à nos besoins son infatigable curiosité.

Craignons des opinions qui, sous prétexte de réduire les
sciences à leur véritable destination, favoriseraient l'igno-

rance, et permettraient à des *ignorants actifs* d'usurper
la gloire due au talent et au génie. La charlatanerie,
espèce d'hypocrisie, qui, née du goût pour les sciences,
croît avec elles et se multiplie à mesure qu'elles se répandent, régnerait à la place du talent avec d'autant plus de
facilité, qu'elle sait d'ordinaire mieux se mettre à la portée
des ignorants et des demi-savants, et se prêter à leurs préjugés comme à leurs intérêts; qu'elle est plus féconde en

Une allée d'ormes à Denainvilliers.

promesses, plus hardie en assertions, et surtout qu'elle
humilie moins ceux qu'elle se vante d'éclairer et qu'elle
ne fait que séduire.

Personne ne fut plus éloigné de ce vice que M. Duhamel;
et il faut bien se garder de penser qu'avec des connaissances superficielles il eût pu se croire digne de se rendre
l'interprète des sciences auprès du peuple.

Il était à cinquante ans un des hommes les plus instruits
de l'Europe dans toutes les différentes branches des sciences
dont il s'est occupé presque uniquement depuis à faire des
applications.

Aussi la moitié de sa vie a été employée à étudier ces
théories dont ceux qui ont voulu abuser de son exemple

l'ont accusé d'avoir été l'ennemi; et, si on l'a souvent cité avec justice pour montrer quel usage les savants doivent faire de leurs connaissances, on peut aussi prouver, par son exemple, qu'il faut être très savant pour avoir le droit d'aspirer à l'honneur de rendre les sciences utiles[1].

[1] Cette biographie est empruntée au *Recueil de notices d'académiciens*, de Condorcet.

PARMENTIER

(1737-1813)

I

Dans le courant de l'année 1844, les sociétés d'agriculture, les sociétés savantes, ainsi qu'un grand nombre de personnages en vue, recevaient ce chaleureux appel :

« Pour les âmes généreuses et élevées, les vrais héros de l'humanité, les hommes qui ont le plus de droits à la vénération et aux hommages des peuples sont ceux dont l'existence a été consacrée à adoucir les misères publiques et à leur ouvrir de nouvelles sources de bien-être et de prospérité.

« La ville de Montdidier a donné le jour à un de ces hommes dont le passage sur la terre est un bienfait de la Providence.

« L'Allemagne et l'Italie ont rendu justice à notre illustre concitoyen ; elles ont traduit dans leur langue ses écrits nombreux et tous empreints de la philanthropie la plus ardente et la plus généreuse.

« La France avait laissé la mémoire de ce savant modeste sans récompense digne de la grandeur de ses travaux et de leur incalculable importance. Mais dans ces dernières années elle s'est réveillée de cette ingrate apathie.

« La ville de Montdidier a pris l'initiative, en votant une somme de deux mille francs pour l'érection d'une statue en bronze sur une de ses places publiques. Le conseil général du département a émis le vote d'une somme égale.

« De tous les points de la France chacun voudra concourir à cette œuvre de justice et de gratitude nationale.
Au nom du pays entier, nous venons donc faire appel à
toutes les classes de la grande famille française, aux sociétés d'agriculture, aux comices agricoles, aux savants,
aux guerriers, aux fonctionnaires de tout rang, comme
aux simples citoyens, à la richesse comme à la médiocrité ;
car tous voudront honorer la mémoire de l'un des hommes
les plus utiles des temps modernes ; et alors seront réalisées
pour Parmentier ces paroles prophétiques de Louis XVI :
*La France vous remerciera un jour d'avoir trouvé le
pain du pauvre.* »

Cet appel fut entendu. Parmentier ne resta pas plus
longtemps dans l'ombre et dans l'oubli : il eut sa statue
dans sa ville natale ; et le bruit qui se fit à l'occasion de
cette œuvre de tardive justice réveilla dans tous les cœurs
le souvenir de ce bienfaiteur de l'humanité et en particulier des classes populaires, dont le bien-être semble avoir
été l'objet de ses constantes préoccupations.

Quel était l'homme dont nous venons de montrer ainsi
tout d'abord la légitime glorification ? Qu'a-t-il fait de
plus que de propager dans sa patrie le tubercule précieux
qui tient une si grande place dans l'alimentation publique et auquel, par un de ces denis de justice avec
lesquels l'histoire ne nous a malheureusement que trop
souvent familiarisés, on a enlevé son nom après le lui
avoir donné ?

Voilà ce que nous allons essayer de faire connaître au
lecteur. Disons dès à présent avec un de ses biographes :
« De quelque côté qu'on porte ses regards en parcourant
la vie de Parmentier, on le trouve sans cesse occupé d'une
même idée : celle de faire le bien. On le voit, toujours
animé du désir d'être utile à ses semblables, tendre à ce
noble but par tous les moyens que la nature, la science,
l'autorité, peuvent mettre à sa disposition ; on est étonné
de sa constance dans les entreprises les plus difficiles.

« Soit qu'on le suive au milieu des camps ou au sein
de la retraite, dans la chaumière du cultivateur ou sous le
dôme des académies, on voit en lui les plus austères vertus
alliées à la plus tendre bienfaisance, et les talents les plus
distingués à la plus rare modestie. En un mot, ainsi que le

fait remarquer Cuvier, on le trouve sans cesse préoccupé
de ces deux choses, également ignorées de ceux pour qui
ce serait le plus un devoir de les connaître : l'étendue, la
variété des misères auxquelles il serait encore possible de
soustraire les peuples si l'on s'occupait sérieusement de leur
bien-être, et le nombre, la puissance des ressources que
la nature offrirait contre tant de fléaux, si on voulait les
répandre et en encourager l'étude. »

Né le 17 avril 1737, Antoine Parmentier perdit très jeune
son père, militaire distingué. Mᵐᵉ Parmentier restait veuve
avec trois enfants. Douée d'une de ces natures énergiques
et dévouées qu'aucune catastrophe n'abat, qu'aucun obs-
tacle ne décourage, la généreuse femme résolut de suppléer
auprès des orphelins l'appui et le guide qui leur manquait
juste à ce moment difficile et décisif où, pendant que l'éducation commence à développer l'intelligence, le premier
éveil de la volonté menace d'entraîner le cœur.

Par une de ces exceptions qui n'étaient point aussi rares
au xviiiᵉ siècle qu'on se l'imagine aujourd'hui, Mᵐᵉ Parmentier avait reçu une instruction solide. La langue de
Cicéron et de Virgile, si elle ne lui était pas familière, lui
était du moins assez connue pour qu'elle pût en enseigner
les éléments à son fils ; ensuite, se perfectionnant avec lui,
elle put le suivre ou plutôt le devancer dans cette arène de
l'étude, où l'enfant d'abord, le jeune homme plus tard,
marchait à pas de géant.

Les sciences naturelles avaient pour lui un grand
charme, et la botanique surtout l'intéressait au plus
haut point. Toutefois ce n'étaient ni les connaissances des
plantes au point de vue du rang qu'elles occupent dans la
nomenclature scientifique, ni les mystérieuses et splen-
dides harmonies de la vie végétale qui stimulaient sa
curiosité.

Son esprit, déjà sérieux et pratique, si nous osons
employer ce mot, avait des visées plus hautes. Ce que
l'adolescent cherchait déjà dans l'observation et l'étude
des plantes, c'était le rapport qui, selon lui, devait exister
entre la plupart d'entre elles et l'alimentation, c'est-à-dire
la santé publique.

« Dieu, se disait-il, n'a rien créé d'inutile, et, s'il a
permis que la maladie, la misère, la famine se produi-

sissent dans le monde, il n'a certainement pas manqué de placer à côté de ces maux le moyen d'y porter remède. Quand il souffre, l'animal, livré à son instinct, cherche et découvre, parfois au sein même de la terre, l'herbe, la racine qui calmera sa douleur, la plante nourrissante qui apaisera sa faim... N'est-ce pas là un exemple que l'homme devrait suivre ? »

Et, stimulé par ces réflexions, il se donnait déjà pour mission de chercher « l'utile » en tout ce qu'il entreprenait.

Un peu étonnée, probablement, de cette tendance particulière de l'esprit de son fils, Mme Parmentier eut la sagesse d'y voir une indication pour l'avenir. Il est, en effet, permis de supposer que ses conseils ne furent pas étrangers à la décision qu'Antoine prit à dix-sept ans de se livrer à l'étude de la pharmacie. Aucune carrière ne pouvait être plus appropriée à ses goûts, à ses aptitudes; aucune ne pouvait mieux préparer les voies à la destinée qui lui était réservée.

Après une année d'apprentissage dans sa ville natale, Parmentier vint à Paris chez son parent Simonet, qui y exerçait la pharmacie.

« Dix-huit ans et une première apparition dans la capitale, s'écrie un des panégyristes de Parmentier, offrirent, dans tous les temps, un écueil formidable pour les plus sages résolutions. On peut deviner quelles angoisses se mêlèrent aux adieux de la tendre et pieuse mère. Mais Parmentier avait compris que l'âge appelé, ordinairement avec complaisance, l'âge des folies doit être, au contraire, l'époque d'une laborieuse préparation aux jouissances de l'âge mûr, comme le printemps est la saison qui décide de la richesse de l'été et de l'abondance de l'automne. Aucun des détails pénibles de sa profession ne le rebuta; aucune séduction ne l'entraîna hors de son laboratoire, et, à vingt ans, il recevait le grade d'officier de santé pharmacien. »

Envoyé à l'armée de Hanovre pour y remplir les fonctions de son grade, Parmentier y arriva sans aucune recommandation; mais bientôt l'exactitude et l'activité qu'il apporte à son service, sa douceur et sa bienveillance envers les malades, la prudente intelligence avec laquelle il exécute

les prescriptions qui lui sont confiées attirent l'attention
de l'homme capable et intègre qui était alors placé à la
tête de la pharmacie militaire.

Disons-le ici à la gloire de Bayen, peut-être sous un
chef moins pénétrant et moins prompt à apprécier le
mérite, Parmentier n'eût-il eu d'autre récompense de son
zèle que des encouragements passagers et stériles; peut-
être, ignorant comme il l'était de l'art de se faire valoir
et de solliciter, eût-il langui dans les derniers emplois
assez longtemps pour rendre son savoir et son esprit d'observation superflus.

Il n'en fut pas ainsi : le talent et la conduite étaient les
seuls titres de recommandation que prisait Bayen, dont la
sévérité de principes repoussait également l'ignorance et
l'importunité. Sous un tel maître, le jeune élève de Simonet ne pouvait demeurer longtemps confondu dans la foule
de ses collègues : sa conduite montait chaque jour de nouveaux étages, ses talents demandaient un théâtre agrandi
où ils pussent se développer. Bayen ne tarda pas à s'en
apercevoir, et, le prenant sous son patronage spécial, il
lui fit franchir rapidement les premiers grades et finit par
se l'associer en quelque sorte comme collègue[1].

Dès lors, et malgré la différence des âges et même des
caractères, l'amitié la plus grande et la plus durable s'établit entre ces deux hommes célèbres. Parmentier n'oublia
jamais ce qu'il devait à celui que toute sa vie il appela son
maître, et quand Bayen mourut, il eut la consolation d'être
chargé de prononcer l'éloge de ce savant chimiste, qui
était en même temps l'homme de bien par excellence.

Ici vient se placer sous notre plume un nom également
cher à Parmentier : nous voulons parler de l'intègre et
dévoué intendant général des hôpitaux, M. de Chamousset,
dont l'amitié et l'appui, qui ne faillirent jamais à Parmentier, lui ménagèrent dans une foule d'occasions le moyen
de poursuivre ses observations et de réaliser ses projets
philanthropiques.

A peine Parmentier venait-il d'être appelé à ses nouvelles
et hautes fonctions, que l'occasion de montrer combien il
en était digne lui était malheureusement ménagée. Une

[1] Avec le titre de pharmacien en second de l'armée.

grave épidémie vint tout à coup décimer nos soldats : la saison, les mauvaises conditions de nourriture et de campement, l'effroi et le découragement qu'inspirent au soldat une cruelle agonie loin de la famille, et une mort ignorée et sans gloire sur le sol étranger, tout ce qui, en un mot, peut rendre plus cruelle et plus terrible une épidémie, se trouvait réuni pour aggraver encore le mal et servir d'allié fidèle à la mort.

En digne disciple d'Hippocrate, Parmentier, n'écoutant que son patriotisme et tout entier à sa mission, s'attacha avec un zèle infatigable au lit des mourants et des malades ; il leur prodigua, au péril de sa vie, les secours de la science et les encouragements de la bienveillance... L'épidémie le respecte et cesse ses ravages. Parmentier, plein du désir de se rendre utile et dédaigneux de la sûreté du laboratoire, vole sur le champ de bataille, se jette au milieu de la mêlée et attaque l'ennemi avec une telle impétuosité, qu'au cours d'une même campagne il est pris cinq fois et cinq fois dépouillé par les Prussiens.

« Ces Prussiens, disait-il plus tard, sont les plus habiles valets de chambre que je connaisse : ils m'ont déshabillé plus vite que je n'aurais pu le faire moi-même ; du reste, de *fort honnêtes gens, ils ne m'ont pris que mes habits et mon argent.* »

Dégagé les quatre premières fois et resté la cinquième aux mains de l'ennemi, Parmentier n'eut pas lieu, au point de vue de la science et des honorables amitiés qui firent le charme de sa vie, de regretter sa captivité.

La chimie était alors florissante dans les universités allemandes ; Parmentier s'y adonna sous la direction de Meyer, célèbre professeur de Francfort-sur-Mein. Bientôt ce savant s'attacha à lui comme s'il eût été son compatriote, parce qu'il lui reconnut les qualités de l'âme qui n'ont point de patrie : il lui proposa de devenir son gendre et son successeur. C'était lui tendre d'une main le bonheur de l'union la mieux assortie, de l'autre l'héritage d'une considération et d'une fortune justement acquises. Mais la condition de ces biens était de renoncer à la France, et la patrie parla plus haut à ce noble cœur que toutes les séductions réunies.

Le même sacrifice se renouvela en d'autres circonstances,

mais pour les mêmes motifs, lorsque d'Alembert voulut
le désigner au roi de Prusse pour remplacer Margraff.
C'était l'époque où les plus beaux esprits de Paris avaient
mis à la mode d'immoler sans pudeur la fierté française
à la vanité d'un monarque prussien et d'une impératrice
de Russie.

« Parmentier donna, dans sa modestie, à ses illustres
contemporains une leçon dont nous devons d'autant plus
le féliciter, que les hommes qui disposaient alors de la
renommée ne songeaient pas à lui en faire un mérite : il
refusa le traitement royal de Berlin comme il avait refusé
les propositions amicales de Francfort, et se mit à suivre
assidûment les cours de l'abbé Nollet, de Rouelle et de
Jussieu [1]. »

Une occasion favorable de mettre en lumière ses connaissances, et par suite de trouver l'occasion de les utiliser,
ne tarda pas à se présenter. Une charge de pharmacien de
l'hôtel des Invalides ayant été créée et mise au concours,
Parmentier emporta tous les suffrages.

Mais, comme cette nomination portait atteinte à un article
des statuts de la fondation des Invalides par Louis XIV,
lequel article assurait aux sœurs de la Charité le privilège
exclusif de l'infirmerie, le pharmacien-major se heurta
à une opposition qu'il n'avait pas prévue : les portes de
l'infirmerie lui furent fermées, et son ingérence en tout ce
qui concernait le soin des malades entièrement repoussée.

Louis XVI, devant qui la question fut portée, ne crut
pas devoir enfreindre la volonté formelle de son aïeul.
Parmentier d'ailleurs avait d'autant moins insisté que le
zèle des bonnes sœurs, leurs connaissances en pharmacie
et leur grande expérience entouraient, il le savait, la
vieillesse des généreux défenseurs de la patrie de tous les
soins, de toute la sollicitude possibles.

Louis XVI, cependant, qui appréciait Parmentier à sa
valeur, qui l'aimait et l'estimait, ne voulut pas qu'il perdît
les avantages de la position qu'il avait très brillamment
conquise au concours dont nous avons parlé : il ordonna
que le pharmacien-major eût non seulement son titre,
mais aussi le logement qui lui avait été attribué à l'hôtel

[1] M. de Falloux, *Notice sur Antoine Parmentier*.

4*

des Invalides; de plus, il lui alloua sur sa cassette **une**
pension de 1,200 livres.

« C'est à cette apparente sinécure, ajoute fort judicieusement M. de Falloux, que nous devons la véritable vocation
de Parmentier, qui, libre ainsi de toute fonction publique,
put se livrer pleinement aux suggestions de sa généreuse
nature. »

II

Plus que jamais Parmentier s'adonna à ses études favo-
rites. Disciple assidu des frères Rouelle pour la chimie,
et du savant abbé Nollet pour la physique, il suivait avec
une sorte de passion les herborisations de Bernard de
Jussieu, et ne se lassait pas de lire et de relire le *Théâtre
d'agriculture*, qu'à l'instar de Bernard Palissy il tenait
en grande estime.

Comme au début de ses études botaniques, il continuait
de demander surtout aux plantes leurs diverses appropriations aux besoins de l'homme, non seulement au point de
vue du soulagement de leurs maux physiques, mais encore
à celui de leur alimentation, de leur bien-être, voire même
de leur agrément et de leur plaisir.

Ses observations à ces différents égards étaient déjà
nombreuses lorsque lui fut offerte l'occasion de les faire
connaître.

En 1772, à la suite de plusieurs grandes disettes qui
avaient cruellement frappé les principaux États de l'Europe, l'Académie de Besançon mit au concours un
mémoire à rédiger sur *la recherche des végétaux dont
on peut faire usage en temps de disette pour la nourriture de l'homme.*

Aussitôt que lui est communiqué le programme de ce
concours, Parmentier prend la plume, et, avec un talent
et une autorité indiscutables, il démontre qu'il existe
dans une foule de plantes un principe nutritif jusqu'alors
inconnu ou dédaigné, lequel est plus ou moins abondant
et facile à extraire.

Non seulement ce mémoire d'une clarté lumineuse

obtint le prix; mais, en achevant de sanctionner la réputation de l'habile chimiste, il produisit en France et même en Europe une profonde sensation.

De son côté, Parmentier comprit qu'il avait enfin trouvé sa voie; avant que l'expression si fréquemment appliquée de nos jours de *vulgarisateur de la science* fût acquise au vocabulaire de notre langue avec le sens précis que nous lui donnons, il en fit l'application, et, devançant ainsi le nom, il répandit autour de lui le bienfait de l'idée.

Améliorer le sort de l'humanité en faisant connaître, en popularisant certaines cultures, certaines préparations jusque-là inconnues, négligées ou mal combinées ; en un mot, répandre la lumière sur toutes les branches de l'économie rurale et domestique et appliquer les progrès de la chimie à l'alimentation : telle fut la mission qu'il se donna.

Mission bien modeste, bien désintéressée, si on tient compte des agitations de l'époque, des incitations, sinon à l'ambition, du moins au désir de prendre part au mouvement politique et social qui allait éclater.

Il fallait certes placer le bien public fort au-dessus de la lutte des partis et de l'intérêt personnel pour traverser, comme le fit Parmentier, les dernières années du règne de Louis XVI et toute la période de la révolution française et du premier empire sans prendre part aux luttes politiques, sans cesser un seul instant de poursuivre une œuvre purement scientifique et philanthropique.

C'est là, ce nous semble, un des plus beaux titres de gloire, non seulement de Parmentier, mais des groupes de savants contemporains dont nous aurons à parler dans la suite, que d'avoir su ainsi tenir haut et ferme le drapeau de la science et celui du dévouement à l'humanité, au milieu des rudes secousses et des occasions de se jeter dans la mêlée des partis qui se renouvelaient à chaque instant. Encore cette fidélité à un noble et pacifique drapeau était-elle d'autant plus méritoire, que rester neutre en ces temps de crise implique toujours le plus grand des dangers : Lavoisier arraché à ses travaux et traîné à l'échafaud suffirait à nous en donner la preuve.

Parmentier, s'il échappa à cette issue terrible, ne paya pas moins son tribut aux cruelles agitations de l'époque.

Son silence et son abstention dans les discussions politiques, qui étaient devenues en quelque sorte l'état normal du pays, furent pris pour un désaveu des sentiments démocratiques qui avaient triomphé, et, après avoir rendu tant de services au peuple, le savant philanthrope fut rejeté par ceux qui se disaient ses amis [1].

Il perdit à la fois son logement des Invalides et sa pension ; sa liberté fut menacée ; mais le peu de bruit qu'il avait toujours fait dans le monde lui permit d'autant mieux de se faire oublier, qu'il ne songea même pas à réclamer ou à se plaindre. « Content du bien qu'il avait fait et de la conscience qu'il avait d'avoir pris place parmi les homme utiles, il appliqua à sa propre personne l'expérience qu'il avait acquise dans l'art précieux de se suffire avec le moins de frais possible, et il arrangea si habilement sa vie, que, bien que dénué presque entièrement de ressources, il parvint à n'avoir besoin de recourir à personne. »

Il est vrai que l'habitude de la sobriété et de l'économie lui avait été dès longtemps imposée par une double passion : son amour pour sa mère et son insatiable besoin d'apprendre. Ses biographes nous le montrent, en effet, lorsque, paisible habitant de l'hôtel des Invalides, il semblait affranchi de ces soucis de la vie matérielle qui entravent si souvent les travaux des hommes d'étude et les élans de cœur des philanthropes, « s'imposant des privations pour payer certains de ses maîtres et acheter des livres, en même temps qu'il envoyait des secours à sa mère, — devoir auquel il ne manqua jamais [2]. »

Cependant les travaux de Parmentier avaient un caractère trop marqué d'utilité, ils répondaient à des besoins trop urgents, à un moment où, d'une part, les récoltes partout compromises amenaient ce terrible *maximum* dont le seul souvenir faisait frissonner la génération qui a précédé la nôtre, et où, d'autre part, le service médical des armées réclamait des hommes dévoués et expérimentés, pour que l'attention ne se reportât pas bientôt sur lui.

[1] Cadet-Gassicourt, *Éloge de Parmentier.*
[2] A.-T. Dumont, *Éloge de Parmentier.*

On lui offrit des honneurs à l'appât desquels il était peu accessible, et on lui demanda des services qu'il était désireux de rendre; il déclina les premiers et se déclara prêt à s'acquitter des seconds. Dès lors sa vie prend une activité qui semble incompatible avec les travaux de cabinet, et qui néanmoins n'arrête ni ne diminue le cours de ses écrits.

Marseille le voit veiller à l'approvisionnement des hôpitaux militaires; et, avec son collègue et ami Bayen, il exerce dans cette partie de l'administration les mêmes talents qu'ils avaient déployés ensemble dans les armées.

De retour à Paris, il est nommé membre, — et membre aussi actif que compétent, — du conseil de salubrité et de l'administration des hospices. La plupart des sociétés savantes tiennent à honneur de le compter au nombre de leurs membres, et l'Institut lui offre la première place qui vient à vaquer.

Aussi sensible à ces témoignages qui lui prouvent l'estime qu'on fait de ses travaux et l'appui qu'en recevront ses doctrines économiques, qu'il se soucie peu de distinctions honorifiques et des charges pompeuses et à gros émoluments, Parmentier ne pense pas que l'heure du repos doive sonner en même temps que celle du triomphe.

Il n'est pas de ceux qui estiment que, la récompense obtenue, le labeur n'a plus sa raison d'être; sa conscience lui dit, au contraire, que « noblesse oblige », et plus s'affermit sa renommée, plus s'élève et grandit sa position, plus il redouble d'étude et d'efforts.

La simplicité de ses habitudes, sa sobriété, sa modestie, résistent à l'épreuve de la célébrité; et s'il lui arrive d'utiliser quelquefois le crédit que lui donnent ses divers emplois, c'est uniquement quand il s'agit de réparer une injustice, de rendre un service.

Quelques anecdotes touchantes se rapportent à cette période de la vie de notre héros.

Nommé pharmacien-major d'un corps d'armée dont le quartier général était au Havre, il rencontra dans cette ville un savant modeste, l'abbé Dicquemare, connu de l'Europe entière et inconnu à ses compatriotes, qui le regardaient comme une espèce de fou, occupé sans cesse à

ramasser des coquillages sur le bord de la mer. Ce dédain
dans lequel les Havrais tiennent leur célèbre compatriote
indigne Parmentier, et la pensée que le vieux savant peut
se trouver à un moment donné exposé à des railleries
qui le froisseront le peine profondément. Il va trouver le
général qui commande l'armée, il lui raconte les titres
de l'abbé Dicquemare au respect et à la reconnaissance
publics, et il lui suggère l'idée d'un plan dont l'exécution
aura certainement pour résultat de le faire apprécier
désormais de ses concitoyens. Le lendemain, en effet,
après la parade, le général, suivi de son état-major, va
faire une visite au savant naturaliste, qui, à dater de ce
moment, prit au Havre la situation que lui assignait son
mérite.

Ce fait donne la mesure de là bonté et de la délicatesse
de Parmentier; mais, après tout, il ne lui en coûtait que
quelques paroles, et il n'exposait ni sa position ni le
moindre de ses intérêts pour rendre service. Il y ga-
gnait, au contraire, la reconnaissance d'un confrère et
l'estime particulière du brave militaire associé à sa généreuse pensée.

Ce raisonnement, que pourra faire qulqu'un de nos
lecteurs, serait parfaitement exact, si, en une foule
d'autres circonstances, Parmentier, en cédant à ce sentiment de générosité, trait caractéristique de sa nature qui
ne lui permettait pas de passer devant une injustice ou
une douleur sans s'arrêter pour tendre une main secou-
rable à celui qui en était l'objet, n'avait donné des preuves
nombreuses de l'admirable désintéressement avec lequel
il s'oubliait lui-même quand il s'agissait de prendre en
main la défense d'une cause juste.

Un jour, Parmentier reçoit un mémoire sur une question d'utilité publique dont il s'occupait lui-même avec
ardeur. Ce mémoire est bien étudié, bien écrit et tout à fait
concluant. Bien loin d'être contrarié ou blessé de rencontrer un rival, Parmentier se réjouit de trouver un émule
qu'il ne connaissait pas. Il s'informe et apprend que l'auteur est un jeune homme qui, suspect au gouvernement,
est détenu dans une prison d'État. Il court chez le ministre,
lui présente le mémoire, lui en fait éloge, et ne craint
pas de se porter garant pour l'avenir de celui qui l'a

écrit. Un jeune savant de ce mérite et doué d'un cœur aussi généreux ne saurait, affirme-t-il, être dangereux pour un gouvernement qui a en vue le bien public, et il ne se donne ni trêve ni repos qu'il n'ait obtenu l'élargissement du prisonnier. Il fait plus, et, parce que le progrès de son art lui est cher par-dessus tout, il remet au jeune auteur des observations critiques pour l'aider à perfectionner son travail.

Dans une autre circonstance, il se dévoue avec une générosité dont on tiendra compte si l'on veut bien se souvenir qu'en vertu de la terrible loi des suspects alors en vigueur, il risquait, pour se rendre utile à un confrère, sa position et peut-être sa vie.

Deyeux, qui devait plus tard professer avec distinction à l'Académie de médecine, avait vu son frère monter sur l'échafaud. Ce coup terrible avait été au-dessus de ses forces : abandonnant ses études et ses travaux habituels, l'inconsolable savant dépérissait de jour en jour, sans que les plus chers de ses amis osassent lui témoigner trop ouvertement la part qu'ils prenaient à sa douleur. Plus dévoué ou moins préoccupé de la crainte de se compromettre, Parmentier, aussitôt qu'il apprend l'état déplorable de son triste confrère, court à lui : il le plaint et s'efforce, en s'associant à son chagrin, de remonter son moral affaissé. Ses efforts sont vains, Deyeux ne veut pas être consolé.

Désespérant de réussir dans son affectueuse entreprise par des moyens ordinaires, Parmentier imagine d'obtenir par des voies détournées une guérison que tout autre, à sa place, estimerait impossible.

Il signale à qui de droit le besoin que des hôpitaux des départements de l'Ouest ont d'être inspectés et en partie réorganisés; et quand il reçoit la mission de se charger de ce soin, il ne l'accepte qu'à la condition qu'on lui donnera Deyeux pour collègue. Il entraîne ainsi son ami loin de l'échafaud où son frère a péri et où, à son tour, par sa douleur trop persistante, il pourrait le suivre. En même temps il lui ménage le plus sûr des réactifs tant au moral qu'au physique.

En effet, les occupations dont il le surcharge à dessein, la nouveauté des sites, le calme relatif de la province, ne tardent pas, ainsi qu'il l'a prévu, à modifier, sinon à calmer entièrement la douleur de Deyeux. Ce n'est plus dans le désespoir ou dans la torpeur, c'est dans le travail et l'activité que l'éminent docteur cherche la consolation. Dès lors il reprend goût à la science, et la perspective de se rendre utile à la France, à l'humanité, le réconcilie avec une société et des institutions qu'il était résolu de fuir et de haïr jusqu'à sa mort.

Parmentier, qui le ramène complètement guéri, n'estime pas avoir payé cette cure trop chère par plusieurs mois d'une sorte d'exil, à un moment où le séjour de Paris pouvait lui paraître indispensable pour mener à bien des travaux importants, et surtout par le danger de se rendre lui-même suspect.

Un autre trait dont le charme touchant sollicite notre plume doit trouver place ici.

A l'hospice des Ménages, dont il était plus spécialement chargé et qui lui doit son admirable organisation, il n'était pas rare de voir ce savant, qui, ne s'étant pas marié, n'avait vécu de la vie de famille que pendant sa première jeunesse, c'est-à-dire à un âge auquel un homme se préoccupe peu des choses du ménage, descendre aux plus petits détails d'intérieur, non seulement pour les inspecter, les surveiller, mais pour donner des conseils, des avis, pour mettre au besoin, comme on dit vulgairement, *la main à la pâte*, agissant en toutes choses en vrai bon père de famille et parvenant ainsi à faire toujours marcher le contentement, le bien-être, on pourrait dire l'aisance, à la suite de l'ordre et de l'économie.

Cependant le calme commençait à renaître en France, et l'organisation de tous les services administratifs préoccupait les hommes qui se succédaient au pouvoir. Parmentier fut placé à la tête de la pharmacie militaire et nommé inspecteur général du service de santé. L'influence qu'à ces divers titres il exerça sur ses collègues et sur ses subordonnés fut d'autant plus puissante que ses talents et ses lumières étaient plus généralement reconnus... Il put ainsi introduire dans les hôpitaux militaires l'ordre, l'économie, la salubrité qui jusqu'alors avaient fait défaut aux établissements de ce genre.

« Persuadé que l'exemple du chef sert toujours de règle

aux inférieurs, il s'absorba entièrement dans le soin de
son administration [1].» Si parfois il était forcé de se montrer
sévère, la plus stricte justice dictait toujours ses arrêts; à
peine d'ailleurs avait-il réprimandé ou puni, que, pressé
par la paternelle indulgence qui remplissait son cœur, il
cherchait l'occasion d'atténuer la rigueur du reproche ou

La pomme de terre.

de la punition. Arrivait-il que la vivacité de son esprit et
l'ardeur de son zèle lui arrachassent une parole amère, un
mouvement indigné, un prompt retour sur lui-même lui
faisait regretter presque aussitôt cette violence momen-
tanée, et il n'avait pas de repos d'esprit qu'il n'en eût
effacé l'impression dans l'esprit de celui ou de ceux qui
en avaient été victimes. Aussi avait-on coutume de dire,
dans son entourage, qu'il était avantageux d'avoir à sup-

[1] Antoine Miquel, *Éloge de Parmentier.*

porter quelqu'une de ses boutades, parce que c'était immanquablement un titre à sa bienveillance.

Cette opinion, toujours justifiée par l'expérience, ne dépeint-elle pas fidèlement le caractère d'un homme intègre, qui s'indigne contre toute infraction au devoir, mais qui, plein d'indulgence pour les faiblesses de l'humanité, est toujours prêt à excuser le coupable? Hâtonsnous d'ajouter que cette indulgence, qui semblait naturelle à Parmentier quand il s'agissait de ces défauts qui sont inséparables de la jeunesse et des habitudes de la vie des camps, ne s'étendit jamais à ce qu'on appelle le vice, c'est-à-dire à l'habitude du mal enracinée dans l'âme : chaque fois qu'il se trouva en présence d'une de ces natures corrompues dont le contact est un danger pour autrui, dont l'esprit de résistance est systématique, il ne faiblit jamais.

Le choix et la conduite d'un personnel nombreux n'étaient pas la seule préoccupation du savant pharmacien en chef; les abus de toute nature qui devaient se glisser nécessairement dans un service aussi étendu que celui de nos armées, alors que l'Europe entière était le théâtre de nos glorieuses luttes, exigeaient des soins incessants. Comment garantir des armées aussi nombreuses des causes de destruction qui surgissaient en quelque sorte à chaque pas? Quelle prévoyance, quelle activité étaient nécessaires pour préparer et assainir les hôpitaux destinés à cette multitude de braves dont le fer de l'ennemi n'avait trop souvent respecté la vie que pour prolonger les souffrances !

Encore ce n'était pas assez d'assurer quelque soulagement à ces malheureuses victimes. Il fallait protéger la santé de ceux qui échappaient à ces cruelles épreuves ; il fallait prévoir les causes de maladies et les prévenir par une sage hygiène; présider au choix et à la conservation des aliments; en régler, en quelque sorte, par avance la distribution ; combattre les influences pernicieuses, ici d'un froid rigoureux, là d'une chaleur excessive ; aux apparitions des signes avant-coureurs des épidémies, ordonner des moyens préservatifs que, la plupart du temps, il fallait imaginer et expérimenter, faute de précédents en l'espèce... Telle était la mission de Par-

mentier, et pas un instant on ne le vit au-dessous de la
terrible et honorable responsabilité attachée à des soins
si multiples.

Sans doute il n'était pas chargé seul d'un aussi vaste
emploi ; mais si le concours qui lui était prêté lui venait
utilement en aide au point de vue du travail matériel, il
lui créait, en revanche, des difficultés d'un autre ordre.
On connaît, en effet, la rivalité qui existe depuis longtemps entre les différentes branches de l'art de guérir.
Cette rivalité, profitable pour l'art lui-même lorsqu'elle
ne dépasse pas les bornes d'une heureuse émulation,
n'est pas, bien s'en faut, à l'avantage de la pharmacie. La
première difficulté que Parmentier avait à vaincre était
donc fondée sur son titre même ; sa position, d'avance,
était désavantageuse. Il triompha de l'antique préjugé et
rétablit l'équilibre par l'étendue de ses connaissances et la
supériorité de ses talents. Forcés de reconnaître en lui un
mérite peu ordinaire, les médecins et les chirurgiens ses
collègues furent ses premiers admirateurs. La noble fierté
avec laquelle il soutint l'honneur de la pharmacie lui con-
cilia l'estime universelle, et les médecins, abjurant à son
égard la préséance de profession, se plurent à reconnaître
avec lui « que la première place appartient au plus capable, et qu'on ne doit traiter de subalternes que la sottise
et l'ignorance ».

Par son zèle, son dévouement, son infatigable activité,
plus encore peut-être que par les fonctions qui lui étaient
attribuées, Parmentier fut non seulement l'organisateur,
mais en quelque sorte l'âme de ce service de santé des
armées françaises qui, au même titre au moins que nos
victoires, fit la gloire de la grande période militaire dont
son souvenir est inséparable.

Si nous insistons sur ce point, c'est que, en l'état actuel
du service des ambulances et grâce aux sociétés de secours
aux blessés qu'on a vues fonctionner dans les dernières
guerres contemporaines avec autant d'éclat que de succès,
grâce surtout à la neutralisation de tout ce qui concerne
les hôpitaux et les ambulances, on pourrait être porté à
méconnaître les difficultés et les périls qui, il y a trois
quarts de siècle, étaient inhérents à ce service. Par suite,
le mérite de Parmentier et de ses collègues courait risque

de n'être pas suffisamment apprécié, au point de vue surtout de l'organisation. A cet égard, non moins qu'à celui du talent, de l'abnégation et de l'humanité, l'œuvre des Bayen, des Parmentier, des Deyeux est une des gloires du corps médical qu'il convient de mettre en lumière.

Toutefois, et par une heureuse et rare exception, Parmentier, ainsi que nous l'avons déjà fait observer, ne fut pas seulement un homme d'action : on peut même prétendre que ce qui domine en lui c'est l'homme de cabinet, de laboratoire, en un mot, le chercheur et le savant.

Ses importants travaux ont fait faire un pas immense à cette branche de la science que nous appelons « économie *domestique* »; science modeste, qui, même à certains égards, peut paraître aux esprits superficiels presque vulgaire, et qui a cependant une si haute importance.

Ses nombreux écrits occupent une place d'honneur, à côté de ceux d'Olivier de Serres, dans la bibliothèque de l'agronome, et à côté de ceux des savants les plus célèbres, dans la bibliothèque du chimiste[1].

III

Le nombre considérable des ouvrages de Parmentier, la série nombreuse des expériences qu'ils renferment, ne sauraient être non seulement analysés, mais même indiqués avec quelques détails, dans une notice biographique. Cependant, en les considérant dans leur ensemble, nous allons tâcher d'en donner une idée succincte, mais exacte.

« Ce qui doit frapper tout d'abord dans cet examen, c'est le sentiment de philanthropie qui a constamment inspiré et dirigé l'auteur, c'est l'application constante des

---

[1] On ne saurait dire cependant que « Parmentier puisse prétendre au titre d'écrivain ; ses ouvrages manquent de style, et le côté littéraire de sa physionomie demeure ce qu'il était dans la réalité, dominé par le côté pratique et populaire ». (M. de Falloux, *Notice sur Parmentier.*)

principes de la science au perfectionnement des arts les plus nécessaires.

« Jamais Parmentier ne se borne à des considérations abstraites; toujours il se préoccupe de l'application utile. S'il examine la nature chimique des pommes de terre et celle des diverses céréales, c'est pour déterminer les divers rapports et les degrés d'utilité de ces substances; s'il procède à l'analyse du lait ou du sang, c'est pour éclairer la médecine de ses lumières et ajouter aux résultats de l'expérience médicale ceux de l'analyse chimique. Partout où il porte ses regards, il découvre de nouveaux points de vue et répand sur les objets qu'il examine la lumière et la clarté de son esprit.

« ... Si nous jetons un coup d'œil sur l'état de la chimie à l'époque où Parmentier fit ses débuts dans le monde savant, nous verrons une science incertaine dans ses principes fondamentaux, flottant encore dans le vague des hypothèses, mais faisant des efforts continuels pour sortir de cet état d'incertitude et d'hésitation.

« Naguère le génie de Stahl lui avait communiqué une impulsion favorable; mais de nouvelles découvertes nécessitaient chaque jour de nouveaux principes; Meyer proposait déjà une nouvelle théorie; Bayen avait entrevu des phénomènes qui devaient changer la face de la science; Lavoisier enfin préludait à ses découvertes immortelles, à cette théorie aussi simple qu'étonnante qui a marqué une des plus belles époques du progrès de l'esprit humain.

« Les premiers ouvrages de Parmentier durent se ressentir de l'imperfection de la chimie à l'époque où ils furent écrits; mais, si leur auteur ne put déchirer le voile dont la science était encore enveloppée, il reconnut du moins qu'il n'avait pas à sa disposition tous les éléments nécessaires, il sentit le besoin de nouvelles découvertes; et, en indiquant l'insuffisance des méthodes ordinaires, il fit ressortir les défauts des systèmes en vogue.

« Dans sa traduction des *Récréations physiques et chimiques de Model,* on le voit, mécontent des explications données, chercher à pénétrer dans le sanctuaire de la vérité et s'arrêter en chemin de peur de s'égarer.

« A Lavoisier était réservée la gloire de franchir cette

barrière. Développée par ce beau génie, une découverte inattendue produit une immense révolution. Un nouveau langage se forme pour exprimer des idées nouvelles, et la chimie, marchant rapidement vers la perfection, s'élève avec majesté sur les débris des vieilles doctrines. Tous les arts reçoivent au même instant sa salutaire influence ; toutes les sciences accueillent avec empressement les nouveaux moyens d'investigation qu'elle leur présente.

« Au milieu de cette agitation générale, la médecine réclame avec ardeur les secours qu'elle est en droit d'attendre ; son espérance n'est pas trompée : des hommes laborieux et savants s'occupent d'une application si utile, et des résultats avantageux couronnent leur zèle... Or, parmi les analyses médicales qui se produisirent alors, il en est peu qui aient mérité autant d'éloges que celles du lait et du sang que Parmentier et Deyeux exécutèrent ensemble.

« La médecine, qui, d'accord avec la philosophie, fait aux mères un devoir sacré de nourrir elles-mêmes leurs enfants de leur propre lait, se voit quelquefois obligée d'adoucir la sévérité de ce principe. » Mais alors qu'elle est forcée de permettre, parfois même de conseiller cette infraction aux lois de la nature, elle ne doit pas se désintéresser de la question : la première alimentation de l'enfant, sa première éducation sont la base de son développement à venir : développement intellectuel et moral aussi bien que développement physique. Dans l'intérêt de l'individu, moins encore que dans celui de la société, les soins donnés à l'enfance ont donc une importance capitale.

Or, dans ces soins, un allaitement convenablement approprié tient la première place.

Pénétrée de cette vérité, une société célèbre proposa de déterminer la nature du lait de la mère en le comparant aux différents laits qui peuvent lui être substitués.

Bien que de temps immémorial on se fût servi de lait de vache ou de chèvre soit pour l'employer seul, soit pour le donner à l'enfant concurremment avec celui de la mère, jamais on n'avait eu la pensée de faire cette comparaison.

Depuis peu de temps, d'ailleurs, la science en offrait le moyen.

La question mise au concours fut accueillie comme une innovation heureuse; elle rentrait d'ailleurs dans un ordre d'idées mis à la mode par les écrits de Jean-Jacques Rousseau, mais dont on aurait tort de lui attribuer le mérite. Si la vie mondaine du XVIII° siècle avait fait négliger à beaucoup de femmes leurs devoirs maternels, ces devoirs ne leur étaient pas inconnus, ainsi que nous en trouvons la preuve dans les conseils donnés par Mme de Maintenon, non seulement à ses élèves bien-aimées « les demoiselles de Saint-Cyr », mais à la duchesse de Bourgogne elle-même, à qui elle ne craint pas de montrer la première éducation des enfants et surtout leur allaitement par la mère non comme une nouveauté en morale et en hygiène, « mais comme l'accomplissement d'un impérieux devoir imposé par la nature à la plus illustre princesse aussi bien qu'à la plus humble paysanne. »

Le sujet proposé fut accueilli avec empressement. Plusieurs mémoires furent présentés; celui fait en commun par Deyeux et Parmentier remporta le prix.

« Pour montrer toutes les ressources que peut fournir à la médecine ce liquide réparateur, ils en isolèrent les principes constituants, ils indiquèrent la différence de ces principes dans les différentss espèces de lait, formèrent entre elles une échelle de gradation qui pût servir de règle au médecin praticien, et parvinrent, à force d'expériences, à lui communiquer des propriétés médicamenteuses, par le choix des aliments destinés à la nourrice qui le fournit; expérience précieuse à l'humanité parce qu'elle donne à la médecine une arme puissante pour combattre pendant le premier âge certaines maladies aussi opiniâtres que désolantes.

« Ce travail, que Parmentier revit et compléta à plusieurs reprises, est demeuré classique. Les travaux postérieurs des Chaptal, des Vauquelin, des Berzélius, n'ont ajouté que très peu aux vérités qu'il contient.

« La même exactitude dans l'analyse du sang, proposée l'année suivante par la même société, valut aux deux savants collaborateurs des éloges non moins flatteurs et fut également couronnée. »

IV

Le nom de Parmentier s'attache encore avec honneur à deux œuvres populaires trop importantes pour que nous ne nous y arrêtions pas quelques instants. Son zèle le plus ardent, son activité la plus infatigable, furent mis au service de la propagation de la vaccine et de l'emploi des soupes économiques, dites soupes Rumfort.

« Les premières expériences de vaccination furent tentées par lui, et c'est dans le comité général de bienfaisance dont il était membre, et dans celui de la société philanthropique qu'il lut ses rapports si concluants sur *l'inoculation gratuite de la vaccine aux indigents, sur les soupes à la Rumfort et sur la substitution de l'orge mondé au riz.*

« Dans le premier de ces rapports, il fait voir que l'inoculation de la petite vérole par la vaccine, pratiquée uniquement pour les riches, établissait, au préjudice des pauvres qui ne pouvaient en jouir, un foyer de contagion toujours renaissant; et il demanda pour ces derniers ce qu'il a eu la satisfaction de voir réalisé par l'établissement du *comité central de vaccine :* des hospices d'inoculation dans chaque département, la publication des listes des victimes arrachées à la mort par cette pratique salutaire, la rédaction d'une instruction claire, précise et à la portée du peuple pour en faire connaître la simplicité et la sûreté; enfin une invitation pressante aux parents, pour les engager à soumettre leurs enfants à cette mesure préservatrice.

« Dans ses rapports sur les soupes économiques, il s'est plu à rendre justice aux philanthropes qui, depuis plus d'un siècle, en avaient fait connaître l'emploi : à Vauban, à Chamousset, aux respectables curés de Saint-Roch, de Sainte-Marguerite, de Saint-Étienne-du-Mont, du Saint-Esprit, à M. le docteur Salon, collaborateur du curé de Saint-Roch, à l'abbé Montlinot, à M. le comte Rumfort, qui tous ont cherché les moyens d'être utiles aux classes les moins aisées [1]. »

Certes, ce sont là de grands services rendus à l'humanité ; ce ne sont pas les seuls cependant dont on soit redevable à Parmentier.

L'hygiène lui doit une suite de découvertes, de méthodes précieuses. Nous avons dit comment il se fit le protecteur de la santé et du bien-être du soldat au milieu de l'insalubrité des camps et des hôpitaux. On le voit s'occuper tour à tour de la qualité de l'eau, de la manière dont le pain est composé, pétri et cuit, de la désinfection des asiles consacrés au traitement des blessés et des malades, aux moyens de varier la nourriture même en campagne, etc...

Toutes ces améliorations, tous ces soins ne suffisent pas à satisfaire le besoin incessant qu'éprouve Parmentier de se rendre utile : il médite un grand ouvrage qui doit appartenir à la fois à la pharmacie, à la médecine et à la chimie ; c'est un *code pharmaceutique* débarrassé de toutes les préparations bizarres que l'ignorance et la crédulité avaient accumulées dans les anciens formulaires. Parmentier rédigea ce livre classique avec un savoir, un discernement et une clarté qui eussent suffi à rendre son nom célèbre.

A ce premier travail en succède bientôt un second, plus restreint, mais non moins utile : le *Nouveau Formulaire pharmaceutique militaire,* offrant aux praticiens attachés aux armées les préparations les plus ordinaires et les mieux appropriées à la partie médicale qui leur est confiée.

« ... Et ainsi, en alliant la chimie et la pharmacie à la médecine, Parmentier agrandissait le domaine de celle-ci et relevait la dignité des deux autres, que d'anciens préjugés repoussaient à un rang inférieur.

« Sans doute les travaux qui ont fait sa gloire ont été surpassés par des travaux postérieurs, travaux plus complets grâce aux progrès récents de la science ; sans doute ses découvertes et ses méthodes, emportées par le prodi-

---

[1] M. Huzard, membre de la société philanthropique. (*Notice lue à cette société en 1813.*)

gieux courant de l'esprit humain dans notre siècle, sont tombées en partie dans l'oubli : son mérite et sa gloire en sont-ils diminués ? — Qui oserait le prétendre ? qui oserait refuser aux premiers pionniers du progrès scientifique contemporain l'honneur d'avoir ouvert la voie et tracé les premiers sillons ?... »

Toutefois ce n'est pas sous cet aspect que nous avons surtout voulu présenter la grande figure de Parmentier ; ce n'est pas comme savant et habile dans l'art de guérir que nous prétendons le glorifier.

C'est l'ami de l'agriculture, le bienfaiteur du peuple, le propagateur, — nous allions dire le père, — de la plus utile de nos cultures, dont nous devons surtout populariser le nom et faire bénir la mémoire.

V

« On rencontre dans l'histoire de l'humanité peu de spectacles plus imposants que celui qu'offre aux regards l'état des sciences physiques et naturelles à la fin du siècle dernier : une activité impatiente agitant tous les esprits et préparant une révolution générale dans les connaissances humaines, l'ignorance et les préjugés accrédités par le temps luttant en vain contre les nouvelles méthodes ; l'expérience et l'observation déchirant le voile qui enveloppait la nature ; la physique et l'histoire naturelle, la chimie, la botanique et la médecine marchant à grands pas vers les réformes les plus heureuses, les réputations imposantes s'élevant avec de nouveaux monuments du génie : voilà quelques traits épars de ce magnifique tableau.

« Il eût été facile à Parmentier, après s'être engagé avec éclat dans ces routes nouvelles, de s'y illustrer. Sa gloire eût été assurément plus brillante ; mais combien elle eût été moins utile !

« Tandis que l'histoire naturelle se reposait sur le génie de Buffon, tandis que la chimie montrait au monde les premiers travaux de Lavoisier, un art plus modeste, bien que non moins important, languissait dans un état déplorable ; la France, éblouie des horizons nouveaux ouverts à la science, ne pensait pas à l'art qui est le premier de tous et sans lequel il n'y a pas de véritable richesse pour un État.

« L'agriculture, cette mère nourricière des empires qui, protégée par Henri IV et Sully, avait été la source féconde de notre prospérité nationale, l'agriculture demeurait immobile au milieu des changements qui s'opéraient autour d'elle.

« L'économie domestique, presque entièrement inconnue ou dédaignée, ne formait plus, comme au temps d'Olivier de Serres, de *bons mesnagers;* et ce que la fécondité de notre sol assure à l'habile cultivateur était perdu, en grande partie, par suite de l'ignorance de celui - ci. »

Tandis que la population s'accroissait, le rendement de la terre diminuait au lieu d'augmenter. L'insuffisance des grains s'accusait chaque jour davantage, et les disettes devenaient plus fréquentes et plus menaçantes.

. Ce qui, depuis Olivier de Serres, avait été fait en vue de la vie des champs et de la bonne appropriation des produits de la terre à l'alimentation publique, peut se résumer en quelques lignes. « Le docteur Beccari avait distingué dans la farine de froment deux parties principales ; mais il avait tiré de cette découverte une conséquence fausse qui l'avait rendue inutile à l'amélioration de la panification. Malouin avait repris la question sans en faire une meilleure application à la boulangerie. Plus heureux dans ses recherches, Tillet, en examinant avec soin les maladies du blé, avait prouvé la contagion du charbon, de la carie, de la rouille, et proposé des moyens utiles, mais peu pratiques, pour la combattre. Duhamel, il est vrai, venait d'imaginer un système d'étuves propres à sécher les grains à toutes les époques de l'année, et quelque fût le temps, de manière à les conserver pendant des siècles ; mais son procédé présentait de graves difficultés et de réels inconvénients.

« Il était réservé à Parmentier de rectifier les erreurs des uns et des autres, d'inventer lui - même de nouveaux procédés, et ce qui, sans contredit, était plus important, de proposer de nouvelles substances alimentaires et de parvenir à les faire entrer dans l'usage journalier. »

C'est sur le blé qu'il dirige d'abord ses recherches. Il n'attendra pas qu'il soit arrivé à l'état de grain pour se préoccuper de sa conservation; mais il préparera par avance la qualité de la récolte; avant de confier la semence à la terre, il s'assurera des conditions de développement et de fécondité qu'elle porte en elle-même. En un mot, appliquant au précieux végétal la méthode que nous l'avons vu mettre en œuvre dans sa pratique médicale, il s'attachera à prévenir le mal pour n'avoir pas à le guérir; il fera de l'hygiène à l'usage des plantes.

Pour cela il enseigne au laboureur à choisir l'espèce de grain qui convient le mieux à la terre qu'il cultive, à distinguer les vices et les germes de maladies qui peuvent influer sur sa végétation, à le débarrasser au besoin de ses propriétés malfaisantes par des opérations dont il a expérimenté les avantages. Il ne lui permet enfin de le livrer à la terre qu'à l'époque et dans les conditions les plus favorables pour obtenir une récolte abondante.

« La végétation commence-t-elle à se montrer sous une belle apparence, Parmentier se réjouit, mais il redouble de soins : il sait que des herbes étrangères ou parasites peuvent étouffer les jeunes tiges et anéantir des espérances prématurées ! Il avertit le laboureur du danger et lui indique les moyens à employer et l'époque à choisir pour extirper la mauvaise herbe. »

Mais voici venir le moment de la moisson, et il semble qu'il n'y ait plus qu'à attendre avec sécurité l'heure de saisir la faux.

Ce n'est point l'avis du prudent agronome; il redoute de nouveaux dangers, et il les signale avec la sagacité et la clarté qui lui sont naturelles. Il descend avec plaisir aux moindres détails; rien ne lui semble au-dessous de son savoir quand il s'agit d'assurer l'existence des hommes et la prospérité du plus humble ménage des champs.

« Tous les soins qu'il a pris jusqu'ici ne sauraient encore le rassurer : après avoir présidé à l'ensemencement, à la surveillance et à la récolte des grains, il préside à la construction et à l'aménagement des greniers qui doivent les recevoir, il perfectionne les moyens propres à les garantir des insectes et de tous les accidents qui peuvent les altérer et les corrompre. »

Et comme si, dans sa modestie et sa loyauté, il craignait que la reconnaissance ne s'attachât à son nom dans une mesure plus grande que celle qu'il croit mériter, il a soin de s'appuyer sur l'opinion d'Olivier de Serres, dont, chaque fois qu'il en trouve l'occasion, il rappelle le souvenir et exalte les méthodes et les services.

Mais le blé est engrangé, et le laboureur, bien récompensé de ses peines et largement payé de ses travaux, n'aura garde désormais d'oublier les recommandations de son savant ami et professeur. Parmentier, ayant achevé sa tâche de ce côté, porte son attention sur le travail du meunier. Il dirige le jeu de ses machines; il lui montre les inconvénients des différents procédés en usage, il préconise la nouvelle méthode, dite *mouture économique,* dont les avantages lui semblent incontestables; et tout en s'employant avec ardeur à propager cette utile invention, il continue à rechercher le moyen d'améliorer le plus possible les systèmes de panification.

Procurer au peuple et aux troupes un pain agréable et nutritif, tel est le problème dont il poursuit la solution.

A ceux qui lui font observer qu'il pourrait consacrer son talent à une œuvre de nature à jeter plus d'éclat sur son nom, il répond :

« Ma seule ambition est de me rendre utile à mes semblables; or, aux yeux d'une saine philosophie, la conversion des substances farineuses en un aliment sain et nutritif est et sera toujours plus précieuse que l'art de ciseler le bronze ou le diamant, et même que la plus belle découverte scientifique. »

Cette utilité devait d'autant plus s'imposer à l'esprit de Parmentier, que jusqu'alors on n'avait pu introduire aucune règle, apporter aucune exactitude dans les procédés de la boulangerie.

Malouin avait bien essayé d'appliquer la chimie à cette importante fabrication; mais, ainsi que nous l'avons dit, il n'avait tracé que des règles incertaines, et par suite inapplicables; de telle sorte que ce précédent, loin de faciliter l'œuvre de Parmentier, lui créa, au contraire, des difficultés inattendues.

Il dut, en effet, combattre son collègue à l'Académie des sciences ; « mais il le fit avec tous les égards, toute la déférence que mérite un homme de bien, et Malouin fut le premier à lui rendre hommage au sein même de ce corps illustre qui les comptait tous deux parmi ses membres. »

Ainsi libre d'action, Parmentier porte d'abord son attention sur le choix des farines. Le moyen de reconnaître leurs qualités ou leurs défauts est bien vite trouvé ; les règles nécessaires à la fabrication du pain sont déjà tracées ; les phénomènes de la fermentation de la pâte, presque inconnus aux chimistes d'alors, sont étudiés et développés avec une rare sagacité ; les moyens de l'exciter, de la modérer ou de l'arrêter à propos, sont indiqués : et ainsi se trouve créée la théorie d'un art qui semblait destiné à être indéfiniment l'apanage de la routine et de l'ignorance... Parmentier ne s'estime point encore satisfait : il veut donner à cet art nouveau toute l'importance qu'il mérite, et à cet effet il fit établir à Paris une *école de boulangerie* destinée à former des élèves capables de devenir maîtres à leur tour. En même temps il consigne, dans un ouvrage très complet et rempli d'idées neuves et d'aperçus pleins d'utilité, le fruit de son expérience [1].

« Ainsi, après avoir étudié le blé sous le rapport de l'agriculture, du commerce, de la meunerie, de la boulangerie, après l'avoir pris dans ses rudiments et protégé pendant sa végétation, il ne le quitte que lorsque la plus parfaite élaboration l'a transformé en aliment salutaire. »

Telle était, du reste, en tout sa manière de procéder. Il ne quittait les questions qu'il abordait qu'après les avoir élucidées à tous leurs points de vue ; aucune peine, aucun sacrifice, — voyages, dérangements, dépenses, — ne l'arrêtait.

De même qu'il avait pris le froment à son état de semence pour le conduire jusqu'à son apparition sur la table du pauvre aussi bien que du riche, sous forme d'aliment essentiel à la vie, ainsi il observa, étudia, analysa les autres espèces de grains, l'orge, le maïs,

---

[1] *Le Parfait Boulanger*, ou Traité complet de la fabrication du pain ; 1778.

le riz, et notamment le seigle, dont la maladie dite *ergot*, maladie qui transforme cette céréale en un des végétaux les plus vénéneux, fut l'objet particulier de son attention.

On raconte à ce sujet que le généreux savant ne craignit pas de faire sur lui-même de dangereuses expériences.

Abordant les plantes potagères, il en appropria la culture aux différents sols, aux divers climats de la France, fit connaître leurs qualités nutritives, leurs modes de préparation, etc...

Nous voici arrivés à ce qui fait le principal titre de Parmentier à la reconnaissance publique. Nous voulons parler, le lecteur le comprend, de la culture de la pomme de terre et de ses usages dans l'alimentation humaine ; culture et usages non seulement à peu près nuls en France jusqu'à lui, mais encore repoussés par les préjugés les plus enracinés.

C'est Parmentier lui-même qui va nous faire l'historique de ses efforts pour doter la France, contre le vœu et malgré l'opposition la plus acharnée de ses habitants, de la précieuse solanée qui aurait dû, selon toutes les règles de la justice, conserver le nom qui lui fut d'abord donné de *Parmentière*.

VI

« Depuis que je me suis livré tout entier aux travaux des champs, dit-il dans son *Traité sur la culture et sur les usages de la pomme de terre* [1], les objets qui ont fixé mes premières études me sont devenus encore plus chers ; et quoique l'agriculture, comme le disait Columelle aux Romains, n'eût, de son temps, ni disciples qui l'apprissent, ni maîtres qui l'enseignassent, elle n'en a pas moins toujours été la plus importante, la plus étendue et la plus nécessaire de toutes les sciences.

« Si *Olivier de Serres* et *Duhamel du Monceau* ont mérité et obtenu la confiance du gouvernement, la véné-

---

[1] Édition de 1789.

ration de leurs concitoyens et le suffrage de toutes les nations, c'est à l'agriculture seule, qu'ils ont éclairée et perfectionnée, que ces savants en sont redevables. Heureux si, animé du même zèle et profitant des instructions qu'ils ont répandues dans leurs écrits, je parviens à faire dans cette même carrière quelques pas qui tournent au profit des cultivateurs et de l'utilité générale !

« Convaincu qu'il est du devoir d'un véritable citoyen de diriger la science qu'il cultive vers le bonheur de la société, j'ai toujours pensé que l'art des subsistances devait faire l'occupation la plus sérieuse de l'homme, puisque son existence et celle des compagnons de ses travaux tiennent au moyen de se nourrir. Mais ce n'est pas assez de multiplier les ressources alimentaires, il faut encore que ces ressources exigent peu d'embarras et de dépenses dans leur préparation ; qu'elles ne préjudicient ni à la qualité du sol qui les donne, ni à la constitution physique des individus auxquels elles sont destinées. Or quelle plante remplit mieux toutes ces conditions que la *pomme de terre,* le plus utile présent, sans contredit, que le nouveau monde ait fait à l'ancien ?

« Dans la multitude innombrable des plantes que la nature fait croître pour fournir à nos besoins réels, il n'en existe point, en effet, après le froment, le riz, le seigle et le maïs, de plus utile que celle qui fait l'objet de ce traité, sous quelque point de vue qu'on l'envisage. Sa culture ne contrarie en rien les travaux ordinaires de la campagne ; elle se plante après toutes les semailles, et sa récolte termine toutes les moissons.

« Apportée de l'Amérique septentrionale par sir Walter Raleigh, qui découvrit la Virginie et en prit possession sous le règne d'Élisabeth, la pomme de terre s'est naturalisée si parfaitement parmi nous, et partout où on l'a cultivée, qu'on la croirait appartenir à l'univers entier.

« Les Irlandais la cultivèrent d'abord dans leurs jardins par pure curiosité, et ce ne fut guère qu'au commencement de ce siècle [1] qu'ils commencèrent à en faire usage. Elle passa bientôt en Angleterre, en Allemagne et en France, où elle est maintenant aussi vigoureuse que dans

---

[1] Du XVIIIᵉ siècle.

sa première patrie. Elle se plaît dans tous les climats ; la
plupart des terrains et des expositions lui conviennent ;
elle ne craint ni la gelée, ni la coulure, ni les autres

Il en présenta lui-même un bouquet à Louis XVI.

accidents qui anéantissent en un clin d'œil le produit de
nos moissons...

« Quand on réfléchit que la plus grande fertilité du sol

et l'industrie des hommes ne sauraient mettre le meilleur pays à l'abri de la disette ; que les années les moins riches en blés sont extrêmement abondantes en pommes de terre, et *vice versa ;* que ces racines, qui se développent en sûreté dans l'intérieur du sol, peuvent devenir un remède contre les renchérissements momentanés des grains que les intempéries des saisons ravagent à la surface, et donnent sans aucun apprêt une nourriture aussi agréable que salutaire, on a droit d'être étonné, affligé même de l'indifférence qui règne encore en certains cantons pour cette espèce de dédommagement, dont il tient à leurs habitants de profiter : travaillant beaucoup et gagnant peu, ils trouveraient dans ce supplément de productions farineuses une ressource conforme à leurs moyens, ressource que nulle autre n'est en état de leur procurer aussi abondamment.

« Qui peut contester qu'il existe des cantons dont le sol est assez ingrat pour ne pouvoir produire que peu de grains, et où cependant les habitants sont dans l'aisance ? C'est qu'ils cultivent beaucoup de pommes de terre ; elles leur servent d'abord de nourriture ; ils engraissent ensuite avec le reste une quantité de porcs ; ils en tuent une partie pour leur consommation et vendent le surplus à leurs voisins : le prix qu'ils en retirent sert à payer les impôts et à se procurer des vêtements. Ils sont bien habillés, bien nourris, et ne doivent rien aux propriétaires et aux collecteurs.

« En vain se refuserait-on aujourd'hui à l'adoption de cette plante sous le prétexte de la mauvaise qualité du sol : le succès des expériences si grand dans la plaine des Sablons et dans celle de Grenelle, aux portes de la capitale [1], est une preuve sans réplique qu'il n'y a point

---

[1] Dès le XVIe siècle, on avait répandu le bruit que la pomme de terre engendrait la lèpre ; cette maladie ayant disparu, le XVIIIe siècle se contenta de lui attribuer le don de la fièvre. Telle était l'opinion accréditée, lorsque Parmentier, appuyé dans ses premiers efforts par Turgot, entreprit de réhabiliter ce précieux tubercule. Après plusieurs essais concluants en province, il transporta aux portes mêmes de Paris son champ d'expérience.

Trente hectares de terre inculte, pris au hasard dans la vaste plaine des Sablons, furent mis à sa disposition par le gouvernement. Il y planta des pommes de terre, sans engrais, et, malgré

de terrains, quelque arides qu'on les suppose, qui, avec
du travail, ne puissent convenir à cette culture, et point
de végétal plus propre à commencer des défrichements,
à vivifier ces terrains que la charrue ne vivifie jamais et
qui rapportent à peine en grains la semence qu'on leur
a confiée.

les circonstances les plus défavorables, la végétation fut magnifique. Dès que les fleurs se furent développées, connaissant l'influence toute-puissance d'un chef d'État, il en présenta lui-même
un bouquet à Louis XVI, en le priant de le porter à sa boutonnière
à l'occasion d'une cérémonie publique, ce que le prince fit avec
empressement. Il n'en fallut pas davantage. Tous les courtisans
s'en parèrent aussi, et il n'en fut aucun qui ne briguât l'honneur
d'être le Mécène de Parmentier.

A la suite d'un second essai fait par l'infatigable savant dans la
plaine de Grenelle, et d'un mémoire détaillé qu'il publia sur ces
deux épreuves, les préventions de la capitale commencèrent à s'éva-
nouir. Pour compléter sa démonstration et universaliser l'usage de
la pomme de terre, il eut l'heureuse idée, aux approches de la
récolte, d'obtenir du lieutenant de police que des gendarmes en
fussent les gardiens, mais pendant le jour seulement. « On vous
les volera la nuit, lui fit-on observer. — J'y compte bien, » répon-
dit-il. Et quand, en effet, par suite de l'attrait toujours si puissant
du fruit défendu, des tubercules sont enlevés nuitamment, dans
sa satisfaction il va jusqu'à récompenser libéralement les gardiens
qui viennent lui signaler le méfait. Ceux-ci, tout stupéfaits d'une
générosité dont ils ne comprennent pas la cause, se demandent si
le savant protecteur de la pomme de terre ne perd pas l'esprit.
Parmentier savait bien ce qu'il faisait en provoquant ainsi la curiosité publique.

La première récolte donna des produits magnifiques. Parmentier
réunit à un dîner de nombreux convives, parmi lesquels on cite
Franklin, Lavoisier et plusieurs célébrités de ce temps. Tous les
comestibles, jusqu'aux liqueurs, étaient fournis par la pomme de
terre, présentée sous une infinité de formes, au grand émerveille-
ment des convives, qui témoignèrent leur satisfaction « par action
pendant le repas, et ensuite, au dehors, par les plus grands éloges».
Cette épreuve, que Parmentier devait renouveler plusieurs fois, fut
décisive : la révolution agricole qu'il avait si patiemment préparée
et poursuivie était accomplie !

Tous les suffrages cependant ne lui furent pas acquis ; et parmi
les hommes de la génération qui s'est éteinte dans le premier quart
de notre siècle, beaucoup demeurèrent obstinément hostiles à la
pomme de terre dans ses appropriations à l'alimentation de l'homme ;
quelques-uns allaient jusqu'à partager l'opinion des témoins des
premiers essais de Parmentier, opinion ainsi formulée dans l'*En-
cyclopédie* par les savants de l'époque : « *Cette racine*, de quelque
manière qu'on l'apprête, est toujours dangereuse et fade ; on ne
pourra jamais la compter au nombre des aliments agréables. »

« Combien de landes et de bruyères, autour desquelles végètent tristement plusieurs familles, seraient en état de leur procurer la subsistance, ainsi qu'à beaucoup de nos concitoyens toujours aux prises avec la nécessité, et qui souvent n'ont d'autres ressources pour vivre que le lait d'une vache ou d'une chèvre et un peu de mauvais pain !

« Pourquoi, même dans les bas-fonds, n'accorderait-on pas aux pommes de terre le même degré de considération qu'aux semences légumineuses et aux autres plantes potagères ?

« ... N'est-ce pas l'aliment le plus simple pour l'homme, et le meilleur moyen d'engraissement pour le bétail ?

« Ah ! s'il était possible de pénétrer de ces vérités consolantes les habitants des campagnes, et de leur persuader que la pomme de terre peut servir à la fois dans la boulangerie, dans la cuisine et dans la basse-cour !... On verrait les cultivateurs intelligents et laborieux obtenir d'une petite étendue du terrain le plus médiocre de quoi faire vivre leur famille dans l'abondance ; enfin on verrait les vignerons, dont le sort est presque toujours digne de compassion, au lieu de se nourrir d'un pain grossier composé d'orge, de sarrasin et de criblures où l'ivraie domine, — heureux encore quand ils en ont leur suffisance ! — on les verrait mettre au pied de leurs vignes des pommes de terre, et se ménager ainsi un genre d'aliment qui supplée à tous les autres et peut les remplacer de la manière la plus complète dans les cas de disette.

« ... Sans doute il faut bien des années pour convaincre nos bons villageois des avantages qu'on leur propose, pour les faire renoncer à leurs anciens préjugés et les déterminer à changer, en faveur d'une nouvelle méthode, la routine qu'ils ont héritée de leurs pères et qu'ils transmettent à leurs enfants. Mais on ne doit pas, à cause de ces obstacles, abandonner le dessein de les instruire. Quand on veut être réellement utile à ses semblables, il ne suffit pas de leur dire une seule fois ce que l'on a vu, ce que l'on a fait, et ce qu'il est nécessaire de faire. Il convient de ne jamais se lasser de le leur répéter sous toutes les formes et de leur donner l'exemple.

« ... Mais si tant de motifs puissants m'ont engagé à porter les différents ordres de citoyens à la culture des pommes de terre, il n'en existe pas d'assez fondés pour justifier ceux qui ont cherché à les en détourner, qui ont semé l'alarme avant d'avoir approfondi la source de leurs craintes, et lancé contre ces tubercules un arrêt de proscription sans en avoir jamais goûté, sans même en avoir vu ; comme si les heureux effets, constatés par l'usage journalier qu'en font depuis un siècle de grandes nations bien instruites en matière rurale, n'auraient pas dû suffire pour arrêter toutes les clameurs [1].

« ... Les pommes de terre n'ont donc pu se dérober aux traits de la calomnie. Que d'inconvénients n'a-t-on pas attachés à leur culture ! Que de maux imaginaires attribués à leurs propriétés économiques ! Mais toutes les allégations défavorables à cette plante ne sauraient prévaloir contre l'expérience et l'observation. J'ai répondu à toutes les objections d'une manière, j'ose le dire, victorieuse ; et le savant anglais qui a bien voulu prendre la peine de traduire mes *Recherches sur les végétaux nourrissants,* s'est arrêté au chapitre destiné à cette réfutation, en ajoutant que cette plante avait constamment été, parmi ses compatriotes, un sujet d'éloges et de reconnaissance.

« Une multitude de faits bien connus m'autorisent à continuer d'assurer que la même plante pouvant servir à mieux alimenter l'habitant de la campagne et ses bestiaux, il s'ensuivra qu'il sera en état de nourrir un plus grand nombre de ceux-ci et que la race humaine elle-même s'accroîtra ; car il paraît prouvé que les pommes de terre sont favorables au développement de la population, soit parce qu'elles préservent les enfants de quelques-unes des maladies du premier âge, soit qu'en donnant aux adultes plus d'aisance ou moins de besoins elle leur assure une constitution plus robuste.

« A l'époque où les Irlandais adoptèrent en grand la

---

[1] On raconte qu'un jour on allait au scrutin dans une assemblée populaire pour des fonctions auxquelles l'estime publique semblait vouloir porter Parmentier : « Ne le nommons pas, s'écria un orateur de faubourg ; il ne nous ferait manger que des pommes de terre ! *C'est lui qui les a inventées !...* » Cet opposant ne se doutait pas que cette clause d'exclusion contenait le plus bel éloge qui pût être fait de Parmentier.

culture de la pomme de terre, la plupart d'entre eux, dit Dossie, languissaient dans une extrême pauvreté par le défaut d'agriculture et de commerce; la santé et la vigueur surprenantes qu'ils ont acquises en ne vivant, pour ainsi dire, une partie de l'année que de ces racines, démontrent évidemment qu'elles constituent un aliment aussi sain que nourrissant. Ils ignorent quantité de maladies dont d'autres peuples sont affligés, et arrivent fréquemment à une extrême vieillesse.

« Une grande partie de la Lorraine allemande a adopté la même alimentation, et les villages de cette province sont peuplés de jeunes gens de haute taille et de la plus vigoureuse constitution. L'avidité avec laquelle les enfants se jettent sur cette denrée, de préférence à toute autre, prouve encore qu'elle est analogue à leur constitution. En un mot, c'est une nourriture essentiellement populaire, parce qu'elle exige peu d'assaisonnement pour devenir un comestible salutaire, et qu'elle peut, en cas de disette des grains, prendre la forme du pain et sustenter aussi commodément et presque aussi efficacement que cet aliment principal des Européens.

« ... Voici le langage que je n'ai cessé de tenir à ces laboureurs qui nous font vivre, eux qui ont quelquefois tant de peine à subsister :

« Consommez toujours des pommes de terre en nature,
« quand il y a abondance de grains; associez-les à leur
« farine dans les années médiocres; et s'il ne vous reste
« absolument d'autres ressources pour subsister que ces
« racines en quantité, consacrez-en une partie à la pani-
« fication pour avoir, dans tous les temps, votre aliment
« sous sa forme habituelle. »

« Ce conseil, si facile à suivre, que depuis quinze ans je donne sous tant de formes, avec le zèle et la persévérance courageuse que doit inspirer le besoin d'être utile, s'est déjà fait entendre dans beaucoup de cantons. Bientôt leurs habitants se réuniront à ceux de l'Alsace, de la Lorraine et de la Flandre, et diront aux détracteurs qui s'efforcent encore de contester les avantages de la culture des pommes de terre :

« Regardez nos enfants, nos gens et nos bestiaux, qui
« se nourrissent comme nous de ces tubercules; ne sont-

« ils pas aussi sains , aussi vigoureux et aussi nombreux
« que dans vos pays à grains ? »

« Les pommes de terre, dit l'opulence dédaigneuse, sont
insipides et compactes ; elles n'ont que le goût des assai-
sonnements qu'on y ajoute... Ces reproches doivent être
changés en éloges, car c'est précisément à cette nature fade
et sucrée qu'elles doivent l'avantage singulier de se prêter
à tous nos goûts. Qu'importe d'ailleurs que la cuisine, cet
art que l'attrait de la bonne chère et le luxe des repas ont
rendu si important, trouve ou ne trouve pas dans la délicatesse de ce nouveau genre d'aliment de quoi satisfaire la
sensualité des riches !

« Ce n'est pas pour eux que j'écris ; mon intention n'a
jamais été de les aider à étaler sur leurs tables l'abus
dans des mets , que je juge préjudiciables bien plus
qu'avantageux à la santé, mais bien d'offrir une ressource
assurée à la classe peu aisée. La nourriture principale du
peuple fait perpétuellement l'objet de ma sollicitude. Mon
vœu, c'est d'en améliorer la qualité et d'en diminuer le
prix.

« Je demanderai encore aux critiques quelle plante,
après les grains de première nécessité, a plus de droits à
nos hommages et à nos soins que celle qui prospère dans
les deux continents [1], qui a déjà contribué, pour sa part,
à rétablir en Europe la population à laquelle la découverte
du nouveau monde avait donné de si fortes atteintes [2] ; une
plante dont le produit est le plus fécond, le moins incertain, et sur lequel on dirait que la main bienfaisante du
Créateur a répandu tout ce qu'il est possible de désirer
pour faire trouver l'abondance et l'économie au sein même
de la cherté et de la stérilité ; une plante enfin dont on
ne saurait trop étendre la culture, puisque la France lui
devra l'inappréciable avantage de ne plus éprouver ces
disettes affreuses qui l'ont si souvent et si cruellement
éprouvée.

« De quels sentiments ne devons-nous pas être pénétrés
pour la mémoire de ce voyageur bienfaisant qui , le pre-

[1] Sauf dans les régions tropicales, où dès la seconde année la
pomme de terre devient aqueuse et sucrée à l'excès.
[2] Par l'introduction de la petite vérole importée d'Amérique.

mier, apporta dans sa patrie une plante aussi productive !
On devrait lui ériger une statue, et la reconnaissance ne
manquerait pas de faire tomber à ses pieds les populations
dérobées aux horreurs de la famine par l'unique secours
de la pomme de terre !... »

Nous ne savons si ce vœu de Parmentier a été réalisé et
si une statue a été élevée en Angleterre à Raleigh, comme
introducteur de la pomme de terre en Europe ; mais nous
savons que la France en a élevé plusieurs à Parmentier ;
que dans la plupart des villes son nom a été donné à
quelque voie publique ; que son nom figure dans tous
les traités d'agriculture, dans toutes les galeries de bienfaiteurs de l'humanité.

C'est beaucoup sans doute, et grâce à ce concours
d'hommages la France n'est pas demeurée au-dessous des
bienfaits reçus. Ce n'est pas assez toutefois : si le nom de
Parmentier est généralement connu, sa vie ne l'est pas
suffisamment. On ne sait pas assez au prix de quel savoir,
de quel esprit d'observation, de quelles recherches et surtout de quel ardent amour de l'humanité, ce modeste
grand homme a pris place parmi les *hommes utiles ;* on
ne sait pas assez que le philanthrope et l'agronome
étaient doublés en sa personne du savant éminent et de
l'administrateur non moins éminent.

C'est là une lacune regrettable dans l'enseignement populaire : si la France doit connaître et glorifier ses grands
politiques, ses grands guerriers, elle a le devoir aussi de
ne rester ni étrangère ni indifférente aux faits et gestes,
ainsi qu'au véritable caractère de ceux qui l'ont dotée de
tant de découvertes, de tant de connaissances usuelles,
et dont la plupart ne nous semblent modestes et parfois
même insignifiantes que parce que l'emploi journalier que
nous en faisons nous en rend, en quelque sorte, l'usage
naturel.

VII

L'introduction de la culture et l'usage alimentaire des pommes de terre ne fut pas, ainsi qu'on l'a déjà vu, le seul service rendu par Parmentier à l'économie domestique.

Parmi les bienfaits dont la France lui est redevable, nous n'avons pas eu encore l'occasion de mentionner la part qu'il prit au développement des riches cultures de la garance et du safran; nous n'avons pas dit non plus comment, lorsque les guerres soutenues par la France contre toutes les nations empêchaient le sucre de nos colonies d'arriver dans nos ports, le même amour de la patrie, la même ressource de sérieuses et profondes connaissances chimiques, inspirèrent à Parmentier de chercher en France même ce que notre agriculture coloniale ne pouvait plus nous fournir régulièrement. Par un véritable coup de génie, en cherchant la matière sucrée qui ne nous arrivait plus, il trouva l'occasion d'utiliser sur place une précieuse denrée qui n'avait plus son écoulement au dehors.

Nous voulons parler de la découverte du sirop de raisin, qui devint le salut des propriétaires de vignobles. Les mêmes principes conduisirent le savant chimiste à la constatation des parties sucrées que contient la betterave, qu'il fit immédiatement cultiver en grand pour la fabrication du sucre.

Cette culture, cette fabrication, longtemps controversée, n'entrèrent, il est vrai, que plus tard dans la voie de développement qui les a placées, de nos jours, au premier rang de nos productions industrielles.

Ce n'en est pas moins Parmentier qui, outre les services immédiats que cette découverte rendit à ses contemporains, a eu l'honneur de jeter les fondements d'une industrie qui a été loin de nuire à nos colonies, dont la production sucrière trouve toujours sa place dans la consommation de la mère patrie, consommation singulièrement augmentée depuis un demi-siècle et qui tend à s'accroître même. De plus elle a affranchi la France d'un tribut considérable payé autrefois à l'étranger, soit pour le transport de nos sucres coloniaux qui nous arrivaient, pour la plupart, sous un autre pavillon que le nôtre, soit pour le surplus du sucre que nous devions demander aux colonies anglaises et espagnoles voisines des nôtres. Enfin la culture de la betterave, la fabrication du sucre qu'on en extrait, l'emploi pour la nourriture des animaux des résidus qui en proviennent; en enrichissant notre agriculture et notre industrie, ont assuré de nouveaux moyens d'existence à un nombre considérable d'agriculteurs et d'ouvriers.

La propagation du sirop de raisin fut le dernier travail qui occupa Parmentier. Sa plume, son crédit, son argent, il consacra tout ce dont il pouvait disposer à répandre la pratique des meilleurs procédés, imaginés ou recueillis par lui, pour assurer le progrès de cette fabrication. Ses efforts multipliés furent couronnés de succès.

Parmentier était alors plus que septuagénaire : déjà il était affecté de la maladie des poumons qui, quelques années plus tard, devait lui être fatale. Cependant il n'avait rien perdu encore de son activité... Dès qu'il voyait du bien à faire ou des services à rendre, il s'animait, il oubliait l'âge et la fatigue, et, comme aux plus beaux jours de sa robuste jeunesse, il se mettait à l'œuvre ; les moyens d'exécution se présentaient ensuite à son esprit et ne lui laissaient, pour ainsi dire, plus de repos. Il sacrifiait tout à la passion du bien et de l'utile ; il interrompait les études qu'il aimait le mieux pour s'employer en faveur de quiconque avait besoin de son aide ou de son appui. Sa porte était ouverte à toutes les sollicitations, et, pour concilier ses travaux littéraires avec cette facilité d'accès qui dérobe des heures si précieuses à l'homme occupé, il était toujours au travail à trois heures du matin.

« Tout devenait pour lui un moyen de satisfaire son goût dominant pour la bienfaisance ; il ne laissait échapper ni un moment ni une occasion. La frugalité et l'économie étaient essentiellement dans ses goûts, et cependant sa table était toujours abondamment servie. Il y réunissait souvent ceux qui lui demandaient des services et ceux par le moyen desquels il espérait pouvoir les leur faire accorder. Il avait voulu en faire comme un bureau de bienfaisance active, et il s'applaudissait des résultats obtenus par l'emploi constant de ce moyen.

« Quand je considère, disait-il, tous les services que j'ai
« pu rendre ainsi, je suis tenté de faire des remerciements
« à ma table, comme Sedaine en adressait à son habit;
« elle m'a prouvé qu'il n'est pas nécessaire d'être très
« riche pour être souvent utile [1]. »

Une certaine tendance à la morosité, qu'on avait dès longtemps remarquée chez Parmentier et qui, ne retirant rien à son empressement à faire des heureux, l'avait fait surnommer dans l'intimité le *bourru bienfaisant,* s'accentua pendant la longue maladie qui termina sa carrière, maladie dont il ne se dissimulait pas les progrès rapides et l'issue inévitable. Cette humeur sombre n'était pas causée, du reste, par la pensée de la mort, à laquelle il était préparé; mais les souffrances qu'il éprouvait le mettant souvent dans l'impossibilité d'employer, pour l'exécution de ses projets d'utilité publique, des moments qui devenaient d'autant plus précieux pour lui qu'il en savait le nombre limité, il se désolait de cette inaction forcée.

De plus, un grand vide s'était fait autour de lui : il venait de perdre une sœur douée des plus éminentes qualités, et qui, ayant puisé aux mêmes sources d'une forte et tendre éducation, avait toujours été en communauté avec lui dans ses nobles ambitions et dans ses généreuses actions [2]. Cette séparation avait doublé sa tâche juste au

[1] A.-F. Sylvestre, membre de l'Institut et secrétaire perpétuel de la Société d'agriculture. — Notice biographique lue en séance publique à la Société d'agriculture le 9 avril 1815.

[2] « Parmentier eut, dit M. Huzart, un collaborateur et un ami dont le nom ne se trouve à la tête d'aucun de ses ouvrages, qui répétait toutes les expériences d'économie et de ménage que les occupations de Parmentier ne lui permettaient pas de suivre, et qui l'aidait d'une manière très active et très encourageante dans ses actions bienfaisantes. C'était sa sœur, qui a fait pendant longtemps le bonheur de sa vie. Elle est morte en 1810, et cette perte a laissé dans l'âme de notre confrère un deuil qui l'a suivi jusqu'au tombeau. Il a consacré à cette sœur chérie quelques lignes dans

moment où ses forces physiques ne suffisaient plus aux devoirs qu'il s'était imposés.

Il redoubla d'efforts intellectuels et moraux, et à ses derniers moments il dictait encore à ses deux neveux les conseils qu'il continuait à donner à ses nombreux correspondants. Il cherchait à exciter leur émulation, à porter leur activité sur les travaux les plus appropriés à leur situation et à leurs aptitudes; il leur traçait la route qu'il s'était proposé de suivre lui-même.

« Ne pouvant plus travailler par moi-même, écrivait-il et disait-il souvent, je voudrais du moins faire l'office de la pierre à aiguiser, qui ne sert pas, mais qui dispose l'acier à servir. »

VIII

Parmentier mourut à l'âge de soixante-seize ans, le 17 décembre 1813, juste à temps pour que nos désastres ne vinssent pas troubler le calme de ses derniers jours. Nous allons laisser à quelques-uns de ses panégyristes les plus autorisés le soin de tracer son portrait et de résumer ce que nous avons nous-même raconté de sa vie.

« De haute taille, de complexion sanguine et nerveuse, il avait le teint vif et coloré; sa tête vénérable, ornée depuis longtemps de cheveux blancs et qui retraçait quelque image de celle du bon la Fontaine, inspirait le respect. Facile, communicatif, simple, affable à tous et sans faste, il avait une manière particulière de rendre service.

« D'abord il désespérait le solliciteur; témoignant par un chagrin amer sa crainte de ne pouvoir réussir, il ne voulait rien promettre. On s'en allait désolé. Le bon Parmentier prenait aussitôt l'affaire à cœur. Il obsédait les ministres, les grands, et finissait d'ordinaire par obtenir ce qu'il demandait. Alors, plein de joie, mais grondant

la préface d'un de ses derniers ouvrages et dans un des articles de son testament. »

toujours, il apportait lui-même le brevet, la décision sollicitée. On croyait devoir lui être très reconnaissant, point du tout; il s'attachait par ses bienfaits, et jamais personne plus que lui n'aima ceux qu'il avait obligés.

« Sa table, toujours ouverte, même aux étrangers, était une sorte de bureau de bienfaisance. Très libéral, quoique peu riche, il donnait beaucoup... Son caractère était sensible, quelquefois brusque; mais personne ne lui a connu de fiel; il a loué jusqu'à ses ennemis, et, ce qui lui est particulier, on ne l'a jamais vu hésiter à encourager, à mettre en lumière ceux qui concouraient au même but d'utilité publique que lui.

« Il animait de son ardeur les sociétés d'agriculture, de pharmacie; il accueillait, il vivifiait tout. S'agissait-il de bien faire, il prenait feu; plus d'une fois on le vit s'enflammer d'indignation par pur zèle de générosité. Négligeant ses intérêts personnels, il parcourut divers cantons de la France pour y établir de bonnes méthodes de culture, pour y distribuer à ses frais des semences potagères et pour y visiter des hôpitaux [1]. »

Trop occupé du bien général, il ne prit pas le temps de se créer pour ses vieux jours ces soins, ces dévouements du foyer domestique qui sont la couronne d'une vie honorable et bien remplie : il ne se maria pas. Les dernières années de sa vie cependant ne connurent pas ce délaissement cruel qui est d'ordinaire le sort du célibataire. Son dévouement filial et fraternel méritait une récompense, et ce fut une de ses sœurs, mère de deux jeunes gens des mieux doués, qui se chargea de lui payer la dette que la société tout entière avait contractée envers lui.

Elle s'installa près de lui, dirigeant sa maison, soignant l'asthme dont il était atteint, l'entourant, en un mot, de toutes les joies et de toutes les tendresses de la vie familiale.

Nous avons dit quel vide la mort de cette sœur bien-aimée, arrivée trois ans avant la sienne, apporta dans sa vie.

Ses dernières préoccupations eurent pour objet de protester de son dévouement aux intérêts publics.

[1] J.-J. Virey; Paris, 1814.

« Je n'ai jamais eu, dit-il, d'autre but que le bien général. Ayant entrevu quelques vérités, j'ai tâché de les appliquer à quelques-uns de nos principaux besoins. J'ai proposé ce que j'avais fait et ce que je croyais qu'il convenait de faire : ma tâche est remplie [1]... »

[1] Huzard, 1813.

DOMBASLE (Matthieu de)

(1777-1843)

I

Christophe-Joseph-Alexandre-Matthieu de Dombasle, né à Nancy, le 26 février 1777, était l'aîné de huit enfants, dont trois moururent en bas âge.

Après avoir fait ses premières études près de ses parents, il entra au collège de Saint-Symphorien, tenu à Metz par les bénédictins. Les qualités et les aptitudes qui déjà s'étaient révélées en lui se développèrent rapidement dans ce milieu paisible et studieux. Bientôt il fut donné comme modèle à ses camarades ; son esprit réfléchi, son jugement prompt et sûr, son ardeur et sa persévérance au travail, faisaient présager à ses maîtres un de ces sujets hors ligne qui sont à la fois l'honneur de l'établissement où ils ont été élevés et la joie des maîtres qui les ont formés.

La dispersion des ordres monastiques, et par suite la fermeture de la plupart des écoles et collèges, vinrent arrêter cet heureux élan.

Presque encore enfant par l'âge et déjà livré à lui-même, le jeune écolier, à défaut de maîtres pour le pousser dans la carrière des sciences, carrière qu'il aimait et en laquelle il avait résolu de se distinguer, se tourna du côté des beaux-arts, plus faciles, lui semblait-il, à cultiver sans direction et sans aide.

La musique, le dessin et la gravure se partagèrent son temps, conjointement avec le tour, qu'il maniait fort adroitement. et la chasse, qu'il aimait avec passion.

Ces occupations variées, cette vie toujours active, le conduisirent à l'âge où le citoyen se doit à la patrie.

Bien que la révolution, en enlevant à son père la charge de grand maître des eaux et forêts, charge héréditaire dans sa famille et dont, par conséquent, la survivance lui était acquise, lui eût ravi un très bel avenir en le privant d'un poste auquel étaient attachés une belle position sociale et de grands avantages pécuniaires, il ne pensa pas que des intérêts personnels froissés pussent le désintéresser des événements qui se pressaient autour de lui. Les Prussiens étaient à nos portes; Matthieu de Dombasle n'hésita pas; il s'engagea comme volontaire et fit bravement son devoir devant l'ennemi.

Il n'eût été ni gentilhomme ni lorrain si la carrière militaire n'eût pas été justement la voie qu'il ambitionnait de parcourir; il dut la quitter cependant à la suite des premières atteintes d'une maladie nerveuse, dont la petite vérole vint peu de temps après aggraver les redoutables effets.

Il avait alors à peine vingt ans.

Cette double circonstance décida du reste de la vie de Matthieu de Dombasle. Forcé de se ménager une existence d'une régularité presque cénobitique, de fuir le mouvement, l'agitation de la ville, de se sevrer de toute espèce de plaisirs bruyants, et en particulier de la chasse, qu'il aimait tant, il dut chercher un aliment à sa grande activité d'esprit en même temps qu'un moyen de rendre à son pays et à ses semblables des services équivalents à ceux que sa santé ne lui permettait pas de leur rendre sur les champs de bataille.

A partir de ce moment et sous la double impulsion de ces sentiments généreux, on vit le caractère du jeune homme se transformer : les goûts d'application studieuse s'accrurent rapidement, et les facultés intellectuelles prirent, aux dépens de l'agilité et de la force du corps, un développement nouveau.

Aux études littéraires il joignit celle des sciences, et afin de mieux suivre la marche des connaissances humaines en Europe, il n'hésita pas à apprendre les langues allemande, anglaise et italienne.

La chimie appela surtout son attention, et lors des

Matthieu de Dombasle.

guerres continentales il dut à cette étude de pouvoir s'adonner sérieusement à la fabrication du sucre de bette-raves. Stimulé par les succès obtenus par Parmentier, il entra à cette occasion dans la pratique sérieuse de l'agri-culture, pour laquelle il avait toujours eu un vif attrait.

Déjà, en effet, il s'était efforcé d'introduire en Lorraine quelques plantes, quelques méthodes encore inconnues. Il ne se borna pas là ; il fonda une fabrique d'instruments aratoires perfectionnés, et s'appliqua à combattre dans son voisinage l'ancienne routine rurale.

Sur ces entrefaites, des circonstances inattendues vin-rent lui ouvrir un plus vaste théâtre.

On conçoit combien, pendant la période de crises inté-rieures et de luttes au dehors qui venait de s'écouler, l'agriculture avait dû être négligée : les préoccupations politiques et sociales avaient porté sur d'autres points l'attention et l'activité publiques ; et quand le calme avait commencé à se faire dans les esprits, quand tout, dans l'État, s'était réorganisé, l'agriculture, faute de bras, n'avait pu suivre que de très loin le mouvement général.

De plus, — et là peut-être était le plus grand danger pour l'avenir, — pendant que, dans leur ignorance et leur dédain des professions agricoles, les classes aisées se gardaient de confier au sol leurs capitaux, les hommes de théorie et les hommes de pratique qui eussent pu, par leurs efforts combinés, détruire ce fâcheux préjugé, formaient, faute de se comprendre, deux camps ennemis.

Nous avons dit ailleurs comment Parmentier avait lutté contre ce triste état de choses et quel pas considérable il avait fait faire à la question ; toutefois le but qu'il s'était proposé était loin d'être atteint. Il avait montré la route, ouvert la voie : c'était beaucoup, sans doute ; mais il venait de mourir, et son œuvre, pour ne pas disparaître, avait besoin d'être reprise et continuée par un homme de grand savoir, d'incontestable expérience et de généreux dévoue-ment.

Il fallait s'occuper avant tout de mettre l'accord entre les hommes de théorie et les hommes de pratique, dont les uns, pour la plupart étrangers aux exigences, aux complications sans cesse renaissantes de l'exécution, s'étaient trop hâtés de proposer des systèmes incomplets, tandis que les autres, effrayés de l'insuccès d'essais non moins incomplets que les systèmes, repoussaient de parti pris un concours dont ils avaient appris à se défier, et dont ils ne comprenaient pas suffisamment le besoin.

« La routine menaçait ainsi de reprendre tout son empire, et, ainsi que nous l'avons dit, le temps était loin où les règles données par les maîtres de l'antiquité et par ceux des XVIe et XVIIe siècles étaient tenues en honneur. »

II

« Des savants distingués, des ministres, des législateurs pleins de zèle avaient, il est vrai, essayé à diverses reprises, les uns de découvrir, dans l'intérêt de l'agriculture, des vérités nouvelles, de déraciner des erreurs anciennement accréditées et de combattre l'exagération d'une foule de novateurs hasardeux ; les autres, de tirer l'économie rurale de son état d'infériorité, soit en versant sur elle de nouveaux encouragements, soit en cherchant les bases d'une législation mieux appropriée à ses besoins ; mais ces efforts n'avaient malheureusement pas été combinés avec l'ensemble qui seul aurait pu les rendre véritablement fructueux.

« Les sciences naturelles, même avec l'indication des meilleurs procédés de propagation des végétaux, ne sont guère applicables, en effet, qu'à la culture des jardins, à moins que les sciences mathématiques n'interviennent pour donner le moyen d'arriver à un emploi économique de ces procédés ; et celles-ci à leur tour ne sauront produire qu'un bien limité, si les sciences sociales, refusant leur appui, ne s'appliquent à assurer à l'agriculture, avec la place qu'elle doit occuper à côté des autres industries, la large part qu'elle est appelée à exercer sur le sort des États et le bien-être des peuples. »

Ces vérités, aujourd'hui connues et acceptées de tous, n'étaient point encore entrées dans le courant de l'opinion publique. Il appartenait à Matthieu de Dombasle d'exercer une grande influence sur ce progrès.

Agriculteur proprement dit, en même temps qu'agronome savant, économiste distingué, penseur profond, observateur infatigable, écrivain plein de charmes, il se rendit compte du mal, vit le remède et consacra sa vie entière à l'appliquer.

L'assolement triennal, nécessité d'une autre époque, était encore en usage dans la majeure partie de la France. Attaqué de toutes parts, il résistait opiniâtrément, moins, comme on se plaisait à le dire, par esprit de routine que par l'insuffisance ou l'impossibilité des moyens proposés pour le remplacer; car ceux même qui s'étonnaient de ne pas voir, à leur parole, les systèmes anglais de rotation pénétrer dans nos départements méridionaux, auraient pu se convaincre que la routine n'avait pas longtemps résisté à l'introduction de la pomme de terre, et que Parmentier, en la propageant, avait porté à la jachère périodique un coup plus profond et plus sûr que la plupart des théories reproduites sans discernement dans les anciennes compilations de librairie.

Quoi qu'il en soit, la jachère couvrait encore d'immenses étendues de terrain que la culture alterne lui disputait à peine. Matthieu de Dombasle vint d'abord en aide à celle-ci : également instruit à l'école anglaise et à l'école allemande, jusque-là fort peu connues en France, il put étudier sous un jour nouveau la question qui, dans ses écrits, devait s'élever au rang des plus graves questions sociales.

Il fit voir que l'assolement triennal primitif, invariablement calculé pour la production des trois ou quatre espèces de céréales qui composaient seules le domaine de l'agriculture à l'époque où il fut conçu, exclusif de tous les autres produits alimentaires ou industriels, de tous les fourrages qui ne proviennent pas des prairies naturelles, avait pour premier inconvénient de limiter la production des denrées animales, et de condamner dès lors la majeure partie des classes pauvres à se nourrir presque exclusivement de pain, d'entraver l'accroissement de la population et de subordonner le progrès de l'industrie aux seules chances du commerce extérieur.

Suivant un système aussi inflexible dans ses combinaisons, quelques années d'abondance suffisent pour surcharger les greniers et abaisser à tel point le prix des blés, que la misère atteint le producteur au sein même de son apparente richesse ; quelques saisons défavorables suffisent, au contraire, pour faire succéder la faim à l'encombrement et amener ces affreuses disettes contre lesquelles on a vu si souvent, pendant les siècles passés, l'humanité se débattre impuissante.

Avec l'assolement alterne, des produits plus variés et mieux à l'abri des vicissitudes atmosphériques concourent à la nourriture des hommes, à celle des animaux et à l'alimentation de l'industrie. Ces produits peuvent, — dans une certaine mesure, — se substituer les uns aux autres pour chacune de ces destinations, se plier aux exigences du moment, fournir, en un mot, à tous les besoins d'une population plus nombreuse, plus industrieuse, et maintenir l'équilibre voulu entre la masse de l'approvisionnement et la consommation publique.

« Il est bien certain, est-il dit à ce sujet dans le premier volume des *Annales de Roville*, que si toute la surface du sol français était cultivée comme l'arrondissement de Lille, le pays de Waas, la Campanie ou le comté de Norfolk, cent millions d'hommes y vivraient beaucoup plus aisément que la population qui l'habite aujourd'hui ; et ces cent millions d'hommes, en consacrant à l'impôt une portion de leurs revenus beaucoup moindre que celle que le gouvernement est forcé, en ce moment, d'exiger des Français, verseraient au trésor une somme double de celle qui constitue aujourd'hui la masse des impôts. »

Tel est le haut problème que M. de Dombasle avait su voir dans une simple question d'assolement. Il ne s'agissait pas seulement pour lui d'un fait de culture : l'accroissement de toute une population, le bien-être des masses, la richesse de l'État, étaient également en cause. Il lui tardait d'exposer de semblables idées, de les appliquer autant qu'il dépendrait de lui, et, comme il le disait lui-même, « de contribuer de tous les efforts d'un Français passionné pour la gloire et la prospérité de son pays à l'avènement de l'art qui devra tôt ou tard les réaliser. »

L'occasion s'en présenta bientôt. Alors, quoique des fermes ouvertes à l'instruction publique existassent dans presque toutes les parties de l'Europe, on n'en possédait aucune en France. Bien que l'utilité n'en fût contestée par personne, c'est tout au plus si la pensée d'en créer était venue à quelques esprits avancés, parmi lesquels on doit citer M. Berthier, qui depuis longtemps désirait transformer sa terre de Roville en un établissement de ce genre; aussi, lorsque le voisinage de M. de Dombasle lui offrit le moyen de réaliser ce vœu, s'empressa-t-il de le saisir.

En homme éclairé et en véritable ami de l'agriculture, il proposa un bail à long terme, conçu d'après les principes les plus libéraux, puisque, tout en assurant l'amélioration foncière, il garantissait au fermier un intérêt convenable de ses avances et une juste rémunération de ses travaux. De plus, il fournit comme actionnaire une part importante du capital d'exploitation, et renonça volontairement à plusieurs des garanties que les propriétaires manquent rarement de rechercher en pareille circonstance.

Le 1er septembre 1822, l'acte qui devait assigner au domaine de Roville sa nouvelle et utile destination fut arrêté en assemblée générale. Le 4 décembre, celui qui avait été désigné comme directeur de l'établissement, et dont le génie seul devait désormais y régler et animer toutes choses, vint établir sa résidence à Roville. Il travailla dès lors sans relâche à acquérir à la ferme-modèle créée par lui cette célébrité européenne qui, pendant vingt ans, contribua à fixer les regards sur l'agriculture et à propager ses progrès.

Matthieu de Dombasle, — et c'est là selon nous son plus grand mérite, — ne se proposait pas de chercher les améliorations par voie expérimentale. Il lui paraissait plus rationnel, dans la position qu'il avait acceptée, d'entreprendre d'enrichir la science de nouvelles découvertes; l'important pour lui était de faire entrer dans la pratique les principes positifs déjà établis, c'est-à-dire d'importer, de réunir, de naturaliser dans nos campagnes les méthodes les mieux appropriées à chaque localité et les plus fructueuses. Ce qu'il se proposait, en un mot, c'était d'ouvrir la voie, de donner l'exemple; son ambition n'allait pas au delà.

Ce programme est résumé dans ce seul mot : *Exem-*

plaire, qu'il donna, au début, pour dénomination à la ferme-modèle de Roville.

Plus tard, lorsque son nom s'attacha, à titre d'inventeur, à différents instruments aratoires, nous le retrouvons fidèle au même principe; il cherche moins à inventer des instruments et des procédés qu'à améliorer, à répandre ceux qu'il a reconnus pour être les meilleurs.

III

Ici réclame sa place un fait sur lequel on ne saurait trop attirer l'attention des lecteurs.

Il s'agit d'une de ces revendications au profit de la France, qu'on est étonné de rencontrer si souvent dans l'histoire de l'industrie moderne. Une idée naît chez nous; elle y est appliquée à titre d'essai; cet essai réussit, et cependant, tantôt après quelques années, tantôt après un ou plusieurs siècles, cette même invention nous revient avec une étiquette étrangère, et sans la moindre difficulté nous acceptons comme bon et valable l'acte de naissance qui nous est présenté, et dans lequel on s'est bien gardé de mentionner la lignée française ou tout au moins le point de départ primitif.

Et alors chacun de dire : le procédé anglais, américain, allemand, etc., tandis qu'il serait de toute justice de dire : le procédé français, développé, amélioré, mis en pratique en Angleterre, en Amérique, en Allemagne, etc.

Pour ne citer que quelques exemples, l'éclairage au gaz, imaginé par Philippe Lebon et essayé par lui à Paris [1] avec succès, moins une odeur nauséabonde dont l'inventeur, ruiné par les frais de ses expériences, n'eut pas le temps de rechercher et de combattre la cause, est épuré en Angleterre et nous revient comme *invention anglaise*.

La machine à coudre, construite par Thimonnier, déposée, brevetée, admise à plusieurs expositions indus-

---

[1] En 1789, dans les jardins d'un hôtel de la rue Saint-Dominique-Saint-Germain.

trielles, attire l'attention d'un Américain qui, de retour
dans sa patrie, reprend non seulement l'idée, mais le système, auquel il fait subir quelques modifications, de façon
à transformer *la couseuse* du tailleur lyonnais en la machine à coudre signée ELIAS HOWE, qui, à l'exposition
de 1858, provoqua notre enthousiasme, à nous qui avions
passé indifférents, sinon dédaigneux, devant l'ingénieuse
invention de Thimonnier.

Ainsi encore, dans la question qui nous occupe, le
système des rotations alternes naquit non à l'étranger,
mais dans nos départements du Nord; c'est là que les
Anglais vinrent le chercher. Ils se l'approprièrent bientôt
et lui firent subir, dans la pratique, des modifications qui
en assurèrent le succès; après quoi le système nous revint
avec une sorte de brevet d'importation anglaise, qui cette
fois, et contre l'habitude, lui fut nuisible. L'application,
en effet, en devint d'autant plus difficile que le système
avait davantage dévié de son origine sous l'influence d'un
climat, de besoins et de moyens tout à fait différents.

Matthieu de Dombasle se trouva dès lors aux prises avec
les amis exaltés aussi bien qu'avec les adversaires des assolements alternes. Pour faire prévaloir le principe, il eut
à se défendre plus encore de l'exagération des uns que de
la résistance passionnée des autres; aussi s'efforça-t-il de
mettre dans sa pratique la sage réserve qu'il recommande
dans ses livres, comme l'un des éléments les plus certains
de réussite en agriculture.

Deux années après son entrée à Roville, il n'avait pas
encore adopté un système fixe, et il le reconnaissait sans
hésiter, comme il avouait plus tard, lorsqu'il en eut adopté
un, qu'il n'est pas de méthode, si parfaite qu'elle paraisse,
qui ne doive être modifiée dans ses détails selon les circonstances et les observations.

A ce sujet il se plaisait à faire remarquer combien la
pratique locale du cultivateur avait changé en lui les idées
préconçues du théoricien.

« Les personnes, dit-il dans un de ses ouvrages, qui ont
lu les premiers volumes des *Annales de Roville,* ont pu y
reconnaître l'agronome inexpérimenté plutôt que le cultivateur consommé. Je citerai en particulier le plan théorique de mes assolements, que j'avais cru pouvoir tracer

avant de connaître à fond les terres que j'allais exploiter. L'expérience a bientôt fait justice de plusieurs idées de cette nature. Je ne regrette, au reste, en aucune façon d'avoir donné lieu aux lecteurs attentifs d'observer, pendant le cours de mes publications, comment se sont modifiées successivement, en présence de la pratique; plusieurs opinions que j'avais empruntées à mes lectures agricoles, et même à des observations personnelles restreintes à une trop petite échelle.

« Je crois qu'il y a quelque chose d'instructif dans ces transformations des idées de l'homme qui se trouve aux prises avec les faits dans une exploitation agricole étendue; c'est pour cela que j'ai toujours exposé avec une entière franchise les plans que je formais et leurs résultats quels qu'ils fussent, laissant de côté toute question d'amour-propre personnel. »

Avec un tel langage, lorsqu'on défend une bonne cause, on doit nécessairement la gagner. On peut donc dire avec vérité que Matthieu de Dombasle a fait autant de partisans au système alterne en combattant ses exagérations, en empêchant ses échecs, qu'en augmentant le nombre de ses adhérents et en éclairant leur marche par des préceptes puisés cette fois à l'école de l'expérience.

Un esprit aussi positif que le sien ne pouvait se dissimuler qu'il est impossible d'élever un édifice solide sur des bases incertaines et avec des matériaux de qualité douteuse. Comment songer à formuler nettement un système de rotation dans un pays dont les conditions culturales n'étaient encore qu'imparfaitement définies? Ne fallait-il pas auparavant étudier ces conditions et, en particulier, montrer sur les diverses parties du territoire la petite ou la moyenne culture aux prises avec la grande; faire ressortir les avantages et les inconvénients relatifs de chacune d'elles; leur assigner une part distincte dans la marche des progrès sociaux. C'est ce dont s'occupa, dès 1825, M. de Dombasle.

En même temps il posait avec une admirable netteté le point de départ des améliorations à réaliser. En toutes choses remonter ainsi à la source et s'efforcer de découvrir les véritables éléments d'une question, tel était l'un des traits caractéristiques de l'esprit de M. de Dombasle;

et si nous insistons à cet égard, c'est que cette qualité est
en agriculture, plus qu'en toute autre industrie, d'une
nécessité absolue.

La question bien étudiée, bien élucidée, Dombasle en
déduisait les conséquences avec une heureuse et rare
sagacité; il s'appliquait ensuite avec une infatigable persévérance à faire passer dans l'esprit de ses élèves ou de
ses lecteurs la conviction bien établie dans le sien.

Sa sollicitude s'appliquait aux plus minces détails de
l'exploitation rurale aussi bien qu'aux faits les plus considérables. Dans ses œuvres imprimées, on en retrouve à
chaque page la preuve, et on se sent pénétré d'une res-
pectueuse admiration pour cet homme, si réellement supérieur, qui ne songe à employer cette supériorité que pour
améliorer les façons du sol et augmenter ses recherches,
c'est-à-dire pour guider pas à pas le cultivateur vers des
améliorations dont le double but est de faire fructifier les
anciennes cultures et de hâter l'avènement des nouvelles.

Lorsqu'on compare ce qui est aujourd'hui à ce qui était
au moment de la création de Roville, il est impossible de
ne pas reconnaître combien le travail d'un homme et le
prestige d'un nom ont contribué à conquérir sur les jachères et sur les friches les denrées diverses que la France
consomme ou qu'elle exporte.

Sur une foule de points, les meilleures terres, entamées
à leur surface par des socs sans largeur, mélangées au
hasard par des charrues sans oreilles ou péniblement
retournées par des versoirs sans courbure, ne pouvaient
acquérir aucune puissance. Salies par de mauvaises
herbes peu profondément atteintes, mal préparées, elles
se désagrégeaient à peine, ne réagissaient qu'incomplète-
ment sur l'atmosphère et ne procuraient à l'engrais qu'une
partie de l'énergie qu'il développe dans les conditions d'un
bon labour. — Comment en pareil cas le rendement se
serait-il élevé?

Roville devint, sous ce rapport, le centre d'importantes améliorations. La charrue de Brabant y fut intro-
duite; successivement modifiée dans plusieurs de ses parties par l'habile fondateur de l'établissement, elle prit le
nom de la localité et ne tarda pas à se répandre, de proche
en proche, jusque dans les départements les plus reculés.

Agent actif de sa propagation, Matthieu de Dombasle voulut la faire fabriquer sous ses yeux ; il en démontra directement l'emploi, en fit connaître au loin le maniement par des instructions écrites, et la recommanda aux savants en reproduisant et commentant les idées de Thaër sur la dynamique.

Plus d'une fois il dut lutter contre l'inexpérience ou le découragement de ses partisans, ce qui n'empêcha pas *l'araire de Roville* de paraître à tous les concours et de triompher presque partout.

Ceux même que quelque fâcheuse préoccupation d'amour-propre empêchait de reconnaître publiquement la supériorité du nouvel instrument aratoire s'efforçaient de l'imiter : chaque nouveau concours voyait s'accroître le nombre des charrues locales *perfectionnées*.

De toutes parts s'ouvraient de nouvelles fabriques ; et quoique les simples fermiers, empêchés bien plus par le manque d'argent que par tout autre motif, n'entrassent pas résolument dans la voie de ces perfectionnements, il était aisé de voir, à l'empressement avec lequel ils adoptaient ceux d'entre eux qui n'étaient point trop coûteux, qu'ils étaient loin d'en contester l'opportunité et le mérite. Il était évident que l'impulsion était donnée ; du temps et surtout de l'abaissement du prix de vente des charrues nouvelles dépendait le plein succès.

Nous ne craignons pas de trop nous avancer en prétendant que la fabrique de Roville fut la première et meilleure école d'application ouverte à ce progrès. Nul plus que son directeur n'avait médité sur les exigences des rotations alternes, nul ne connaissait mieux la partie technique des travaux que ces rotations exigent, et n'était, par conséquent, plus à même de faire un meilleur choix, du matériel approprié.

Le succès croissant qu'il obtint, succès le moins contestable de tous, puisqu'il se traduisait en argent, fut à la fois une preuve du mérite du constructeur et de l'heureuse propagation des méthodes perfectionnées [1].

---

[1] La question des systèmes de culture est sans contredit la plus importante en économie rurale ; au double point de vue théorique et pratique, elle précède et domine toutes les autres, même celle des assolements, à laquelle d'ailleurs elle est étroitement liée.

IV

Sans discontinuer ses efforts pour favoriser et développer le mouvement auquel il avait donné la première impulsion et fourni tant de moyens pratiques, M. de Dombasle se préoccupait vivement de la question des engrais. Il s'efforçait d'en augmenter la masse sur son exploitation et de démontrer la nécessité de les obtenir partout en quantité suffisante.

A cette époque c'était rendre à l'agriculture un service d'autant plus signalé que cette question, encore peu comprise, se rattachait à celle du bétail, encore moins avancée.

Elle a, en effet, avec elle certains préceptes communs; mais elle est bien plus large, et doit être envisagée de plus haut.

Si elle est soumise à l'influence de causes intrinsèques, telles que le sol et le climat, elle subit encore bien davantage celle des conditions économiques. Aussi peut-on dire, avec Schwertz, que l'histoire de la culture s'unit à celle des peuples.

Le tableau de l'agriculture aux diverses époques de la vie de l'humanité nous présente, en effet, la série complète des systèmes de culture plus ou moins perfectionnés; et si nous envisageons son état actuel, nous verrons les différents peuples arrêtés à un des degrés de cette échelle, suivant que leur civilisation et *leur agriculture* sont plus ou moins avancées.

Les auteurs, toutefois, ne sont pas d'accord sur le nombre de divisions que l'on doit établir dans la série des développements agricoles. En combinant ce qu'en disent Schwertz, Heuzé et quelques autres, on arrive jusqu'à établir des systèmes distincts de culture, lesquels peuvent, ce nous semble, se résumer en deux : la culture *extensive* et la culture *intensive*.

La première a lieu quand le domaine est vaste, le sol pauvre, les capitaux proportionnellement peu considérables; c'est la *cultura minima*, à petites dépenses et à petites récoltes.

La seconde a sa raison d'être dans les pays riches, les domaines peu étendus, les sols fertiles; c'est la *culture maxima*, aux grandes dépenses et aux grossse récoltes.

Il est superflu de définir ce qu'on entend par jachères, rotations alternes, etc...; toutes les personnes qui s'intéressent à la vie rurale connaissent ces termes, dont le dernier d'ailleurs exprime par lui-même sa signification. Disons seulement que, par l'équilibre qu'elle établit entre les récoltes épuisantes et les récoltes améliorantes, la culture alterne a l'avantage de maintenir l'équilibre dans la fertilité du sol.

Il fallait les étudier toutes deux simultanément. Il y avait à rechercher à la fois quels animaux donnent le meilleur engrais et le produisent aux plus bas prix, quels donnent le travail aux meilleures conditions, quels encore payent plus largement le fourrage par leurs produits commerciaux; comment utiliser les forces des bêtes de trait en diminuant leurs fatigues; il fallait, en un mot, pénétrer dans tous ses détails d'économie intérieure et de comptabilité rurale dans la connaissance desquels les Allemands nous avaient devancés.

Sur un autre point de l'Europe, Dombasle trouva aussi des motifs sérieux d'études. Admirateur des travaux de Bakewell pour l'amélioration des races anglaises de bétail, il ne négligeait aucune occasion de lui emprunter quelques-uns de ses procédés, et surtout de mettre en lumière les avantages, au point de vue des intérêts généraux du pays, d'encourager généreusement cette branche importante de l'économie rurale.

En vue de l'état alors fâcheux de notre industrie chevaline, il publia divers articles sur les moyens de relever l'espèce et d'accroître la production. Non content d'avoir fait paraître, sous le titre de : *Guide des propriétaires de troupeaux de bêtes à laine*, un manuel complet d'éducation des bêtes ovines, il défendit à plusieurs reprises la production des laines indigènes contre l'extrême concurrence des laines étrangères ; il fit savoir quelle quantité notable d'engrais enlevait à la France chaque quintal métrique de laine employée dans nos fabriques, mais produite ailleurs que sur notre territoire ; enfin, jusqu'aux derniers moments de sa vie, il élevait une voix puissante pour soutenir les maximes qu'il avait si bien appuyées par la pratique, et il montrait la production du fumier comme l'une des bases les plus certaines de la richesse des nations, les assolements alternes comme le plus sûr moyen de l'augmenter; il appelait énergiquement la protection du gouvernement sur l'élève et l'engraissement des animaux et l'attention de qui de droit sur la propagation du fourrage, sans lequel il ne peut exister ni bétail ni engrais.

V

Les premiers travaux de M. de Dombasle, travaux qui
se succédèrent rapidement pendant tout le cours de sa
vie, furent publiés en 1810. Le seul examen bibliogra-
phique de cette œuvre immense serait l'objet d'une utile,
mais trop longue étude, pour que nous puissions l'entreprendre ici.

Ce que l'on a peine à comprendre, c'est que cet homme
d'une activité, d'une netteté d'esprit remarquables, cet
homme doué d'une si grande énergie pour le travail, d'une
si prodigieuse persévérance à poursuivre son but, ait vécu
constamment dans un état maladif, presque valétudinaire.

Habituellement silencieux, presque taciturne, il était,
lorsqu'il se trouvait en présence d'un certain nombre d'au-
diteurs, d'une timidité dont il avouait que son amour-
propre souffrait souvent; il ne put s'en débarrasser même
à Roville au milieu de ses élèves, qui pour lui constituaient
une sorte de famille agrandie.

Dans l'intimité du tête-à-tête, dans l'isolement surtout
du cabinet, il retrouvait toute la liberté de la pensée. La
causerie et le travail lui devenaient alors si faciles, qu'il
perdit de bonne heure l'habitude d'écrire lui-même; il
dictait sans que presque jamais une rature vînt modifier
le premier jet de sa phrase, ou interrompre le facile en-
chaînement de ses idées.

On sait ce que lui doit la librairie agricole ; mais on
ignore généralement ce qu'il a fait, en dehors de ses publications imprimées, pour répandre les doctrines dont il
s'était constitué le champion infatigable.

A sa mort on trouva vingt cartons remplis de lettres
que lui adressaient, de tous les points de la France, une
foule d'agriculteurs heureux de se ranger au nombre de
ses disciples, et quarante et un cahiers, chacun d'au moins
cent cinquante pages grand in-folio, renfermant la copie
des réponses à ces lettres.

Non seulement c'était pour lui un devoir de ne laisser
échapper aucune occasion d'encourager publiquement le

progrès; mais au milieu de ses autres occupations, malgré les soins journaliers qu'exigeait son régime hygiénique, malgré de fréquentes souffrances, il trouvait le temps de tenir à jour cette nombreuse correspondance, aussi précieuse pour ceux qui en profitaient que fatigante et sans éclat pour lui.

Il est vrai qu'un tel dévouement avait ailleurs sa récompense : presque tous les élèves de Roville ont gardé, comme une pieuse croyance, le souvenir du maître; il en est peu qui, après l'avoir quitté, ne se soient empressés de lui confier leurs affaires, leurs craintes, leurs espérances, de le tenir au courant du succès ou des difficultés qui se présentaient tour à tour à eux. C'est là la partie consolante et aimée de sa correspondance; il y laissait parler son cœur de père, et y trouvait l'oubli des ennuis et des déboires qu'il pouvait rencontrer d'un autre côté.

La correspondance de Roville ne se limitait pas à la France; elle s'étendait bien au delà. Sir John Sinclair, l'illustre fondateur du bureau d'agriculture de Londres; Thaër, dont l'Allemagne se glorifie à bon droit et dont Matthieu de Dombasle se rendit si souvent l'utile écho parmi nous; Fellemberg, le baron de Vogt et tant d'autres agronomes distingués, s'empressaient d'apporter leur tribut de tous les points de l'Europe à celui qui s'estimait heureux et fier d'appuyer son œuvre sur un tel concours.

L'ordre parfait que le fondateur - directeur de Roville avait su établir dans la répartition de son temps, le pouvoir sans bornes qu'il exerçait sur lui-même, et la rigoureuse attention qu'il mettait à éviter toute cause de distraction, lui permettaient de suffire à tout.

« Pendant les vingt années qu'il passa à Roville, écrivait un de ses plus dignes élèves [1], il ne fit peut-être pas vingt absences; et, chose admirable, pendant cette longue période, sa vue fut réglée au point de vue du travail, comme on voit les heures distribuées pour la prière dans une communauté de religieux. »

Cette présence continuelle, cette régularité qu'il avait su s'imposer à lui-même avant de l'exiger des autres, ne furent certainement pas la moindre cause de ses succès et

[1] M. Jules Riessel, directeur de l'institut de Grand-Jouan.

l'exemple le moins salutaire qu'il donna aux élèves dont
la France est aujourd'hui redevable à l'école de Roville.

VI

Cette école n'avait pas fait d'abord partie du programme
de M. de Dombasle, qui, en créant la *ferme exemplaire*
de Roville, n'avait en vue qu'une simple ferme-modèle
dans laquelle il pourrait essayer, modifier et développer
les théories agricoles objet de ses études constantes.

Bientôt toutefois il reconnut qu'un institut, au sein duquel un certain nombre de jeunes gens pourraient puiser
l'instruction agricole, ajouterait beaucoup aux avantages
d'un établissement destiné à la propagation des bonnes
méthodes.

Dans l'impossibilité de former une école sur les bases
qu'il aurait voulu poser, faute de pouvoir admettre d'élèves
dans son étroite habitation, il reçut cependant quelques
personnes qui désiraient suivre les travaux de l'exploitation, et que leur vif désir de se former auprès d'un maître
aussi habile décida à chercher, chez les moins pauvres
habitants du très petit village de Roville, un gîte et une
table souvent plus que modestes.

Le nombre de ces élèves, d'abord limité à quatre ou cinq,
s'éleva successivement jusqu'à vingt; il se serait incontestablement accru davantage sans l'impossibilité matérielle
de trouver des logements; car, à côté des fils de propriétaires ou de fermiers qui venaient s'instruire à leur propre
compte, n'avaient pas tardé à se joindre des élèves bour-
siers du gouvernement et ceux que certains conseils généraux avaient résolu d'entretenir à leurs frais, afin de doter
leur département des précieuses méthodes pratiquées et
enseignées à Roville.

M. de Dombasle considérait cet enseignement pratique
comme le complément nécessaire de son enseignement
écrit. Il aimait à comparer le cultivateur riche seulement
en connaissances puisées dans de bons ouvrages, à l'homme
qui aurait suivi d'excellentes études médicales dans les
cours publics, mais qui n'aurait jamais fait sur le corps

humain l'application de ces études. Il insistait sur l'embarras de l'un et de l'autre, lorsque pour la première fois ils se trouveraient près du lit d'un malade ou en face d'un champ à cultiver. En créant son institut, son but était donc de combler la distance qui, en toutes choses, sépare l'étude purement spéculative et celle des applications, et qui, en matière d'exploitation et d'économie rurales, ouvre trop souvent un abîme infranchissable entre la science et l'art agricoles.

L'instruction à Roville était donc bien plus pratique que théorique; mais, dans l'esprit du maître, le premier de ces mots avait une tout autre portée que celle qu'on lui accorde habituellement.

« La pratique du chef d'exploitation, disait-il souvent, est tout intellectuelle, quoiqu'elle ait pour objet la direction d'opérations manuelles.

« Et, en effet, connaître et prévenir l'effet de ces opérations, les combiner entre elles et les modifier selon les circonstances : voilà en quoi consiste principalement l'œuvre du maître. »

Il s'efforçait donc de placer les jeunes gens en contact aussi immédiat que possible avec toutes les opérations agricoles, de leur faire acquérir les connaissances des motifs qui dirigent chacune d'elles en des cas différents, de leur faire suivre enfin un véritable cours de *clinique agricole*, auquel il avait soin de les préparer en leur faisant étudier, sous la direction de bons professeurs, celles des sciences physiques naturelles ou mathématiques, qui ont le plus de rapports avec la connaissance du sol, des plantes, des animaux, et la gestion d'un domaine.

Ses rapports avec ses élèves étaient pleins d'une grande bienveillance. N'admettant que des jeunes gens d'un âge raisonnable, il les traitait comme tels. Sous son impulsion, ils s'étaient réunis en une société nommant elle-même son bureau et veillant à conserver dans son sein l'ordre et la discipline, qu'il eût été bien difficile de maintenir par la sévérité.

Chaque matin tous ces jeunes gens participaient à l'inspection des différents travaux de la ferme. Chaque soir ils assistaient au compte rendu des chefs de service et aux instructions données pour le lendemain. Le secrétaire in-

scrivait sur un registre spécial le résumé des observations
faites. Lorsque, dans ses conférences, M. de Dombasle
répondait aux questions qui lui étaient soumises, après
avoir été délibérées et adoptées en commun, c'était encore
le secrétaire qui enregistrait les réponses.

De la sorte se régularisaient les études, se formaient
des liens d'affection, et se consolidait l'esprit d'association,
qui devaient survivre entre les élèves à l'établissement où
ils avaient pris naissance.

L'expiration du bail de Roville marqua le terme de cette
utile institution, dont l'État devait reprendre l'idée et
développer le plan du célèbre institut de Grignon.

M. de Dombasle rendit à M. Berthier une terre singulièrement améliorée, et, renonçant à la vie active dont il
ne soutenait en dernier lieu les fatigues que par un véritable prodige d'énergie morale, il alla chercher à Nancy,
grâce à la modeste aisance qu'il avait su conquérir, les
loisirs auxquels il avait tant de droits.

Sa vie jusque-là avait été une longue lutte, non seulement contre les difficultés qu'entraîne nécessairement avec
elle toute œuvre de rénovation ou de propagation, mais
encore contre des épreuves personnelles de toute sorte.

VII

Nous avons dit comment, appelé à la survivance d'une
charge importante, le jeune Dombasle, juste à l'âge où
l'on commence à songer à l'avenir, et où, par conséquent,
on peut comprendre l'étendue d'une perte de ce genre,
avait vu enlever à son père cette charge depuis plusieurs
générations héréditaire dans sa famille, et, par suite,
la gêne succéder à l'opulence dans la maison paternelle.
Peut-être un peu plus tard, lorsqu'il put se rendre compte
de l'influence exercée par ces malheurs privés sur ses
goûts, ses études, sa carrière, pensa-t-il que la perspective qui s'ouvrait pour lui de se rendre utile à son pays
et à l'humanité dans la voie nouvelle où il était entré, lui
offrait une compensation plus que suffisante à ce qu'il
avait perdu.

Mais en même temps il se dit que, aîné de sa race, destiné à en devenir le chef à la mort de son père, c'était à lui qu'incombait le devoir de réparer les désastres qui menaçaient de la faire déchoir.

Il se proposa dès lors un double but : concourir au relèvement de l'agriculture et faire en sorte que ses travaux lui fussent profitables à lui-même. Avec sa netteté de vue,

La betterave.

sa fermeté de décision, il n'était pas homme à s'égarer à la poursuite d'un but chimérique ; donc, pour lui, *vouloir c'était pouvoir*.

Il se mit à l'œuvre, et, en contribuant puissamment à l'extension de la culture de la betterave et à la fabrication du sucre indigène, il réalisa son double plan : il mérita bien de la patrie et de la famille en dotant la première d'une industrie qui, en lui ouvrant une source précieuse de richesse, atténuait pour elle, dans le présent, les ri-

gueurs du blocus continental, et en posant pour la seconde
les bases d'un nouvel avenir.

Les événements de 1814 survinrent juste au moment où
l'état prospère de la fabrication du sucre de betteraves
promettait au jeune agronome de hauts bénéfices. L'inva-
sion étrangère et la libre introduction des sucres coloniaux
enlevèrent en même temps les produits dont il pouvait
disposer et les capitaux considérables engagés dans son
usine. Sa ruine fut tellement complète, qu'à la mort de
son père, survenue peu après, non seulement il dut abandonner à ses frères et sœurs, qui lui étaient venus en
aide, sa part d'héritage, mais qu'il resta leur débiteur
pour une somme assez forte.

Ce coup imprévu et terrible, loin de le décourager, fut
pour lui un stimulant nouveau. Ce n'était plus seulement
l'avenir à assurer, c'était le passé à réparer. A trente-huit
ans, il recommença sans s'émouvoir l'édifice d'une fortune que tout son entourage croyait impossible à réaliser
dans une entreprise comme celle de Roville.

On niait le succès pécuniaire d'une entreprise de ce
genre : sa réputation d'agronome, lui disait-on, y trouve-
rait son compte; mais sa bourse, au lieu de s'y remplir,
achèverait de s'y vider. Et on lui conseillait une foule
d'autres entreprises dans lesquelles son expérience devait
s'exercer avec plus de succès.

Il laissa dire et marcha en avant. Se créer une position
personnelle lui semblait un devoir; mais il y avait en lui
trop d'élévation d'esprit, trop de dévouement à la chose
publique, trop de patriotisme pour que la poursuite de la
fortune pût lui paraître, à elle seule, une tâche digne de
remplir la vie d'un homme de bien. Les résultats qu'il
obtint à Roville prouvèrent à lui, à ses amis et surtout à
ses détracteurs, qu'il n'avait pas été présomptueux en se
prétendant sûr du succès.

VIII

Dombasle, après avoir organisé la vie paisible et retirée qu'il comptait mener à Nancy avec ce soin et cette régularité qu'il apportait en toutes choses, avait à peine eu le temps de préparer et de mettre en ordre les éléments d'un *Traité général d'agriculture*, objet depuis longtemps de ses méditations et de ses veilles, lorsque tout à coup la mort vint l'arrêter.

Le 19 décembre 1843, une toux que l'on crut être un simple catharre donna quelques soucis à sa famille, qui l'engagea à suspendre ses occupations ordinaires.

Il n'en voulut rien faire, et continua jusqu'au 23 à travailler avec la puissante activité d'intelligence qui lui était habituelle.

Pendant la nuit du 23, une soudaine torpeur engourdit ses sens; bientôt le moral lui-même s'affaissa, et, le 27, il succomba, sans agonie et sans souffrance, à la maladie de cœur à laquelle personne n'avait prévu une issue si prochaine.

Marié en 1803 et resté veuf quelques années plus tard, Dombasle avait été précédé dans la mort par un fils qu'il chérissait tendrement. Une fille lui restait, et c'est entre ses bras qu'il s'éteignit doucement.

Cette mort fut pour tous les amis du progrès agricole un deuil public. L'agriculture perdait, en effet, un de ses maîtres les plus éclairés, un de ses plus actifs défenseurs, et la France un de ses meilleurs citoyens.

La Société centrale d'agriculture prit aussitôt l'initiative d'une souscription à l'effet d'élever à Matthieu de Dombasle un monument digne de lui. Elle fit plus : pour que le souvenir de celui dont le génie avait tant de fois animé ses assemblées fût sans cesse présent, elle voulut que le buste de Dombasle fût placé dans la salle des séances, afin de lui demander les inspirations d'une grande âme et de protester de sa sympathie et de sa reconnaissance pour des services rendus sous tant de formes au pays et à l'humanité.

FIN

TABLE